知行信创新管理丛书

创新辞典

成海清 编著

INNOVATION DICTIONARY

企业管理出版社
ENTERPRISE MANAGEMENT PUBLISHING HOUSE

图书在版编目（CIP）数据

创新辞典 / 成海清编著. －北京：企业管理出版社，2021.9

ISBN 978-7-5164-2447-6

Ⅰ.①创… Ⅱ.①成… Ⅲ.①企业创新－词典 Ⅳ.①F273.1-61

中国版本图书馆CIP数据核字(2021)第154971号

书　　名: 创新辞典
作　　者: 成海清
责任编辑: 蒋舒娟
书　　号: ISBN 978-7-5164-2447-6
出版发行: 企业管理出版社
地　　址: 北京市海淀区紫竹院南路 17 号　　邮编: 100048
网　　址: http://www.emph.cn
电　　话: 编辑部(010)68701661　发行部(010)68701816
电子信箱: 26814134 @qq.com
印　　刷: 河北宝昌佳彩印刷有限公司
经　　销: 新华书店
规　　格: 880 毫米 × 1230 毫米　32 开本　6.75 印张　163 千字
版　　次: 2021 年 9 月 第 1 版　2021 年 9 月 第 1 次印刷
定　　价: 39.80 元

前 言

在15年以上的创新咨询与创新培训实践中，经常有咨询客户或培训学员就创新术语的准确含义与知行信顾问老师探讨。很多企业内部由于对创新术语的理解不一致经常出现沟通困难的情形。

基于以上的客户问题和客户需求，知行信顾问团队在十多年咨询实践基础上，结合对国际有关创新方面的文献研究，编撰《创新辞典》。希望本书能够发挥以下几个方面的作用：

（1）创新从业者在对某些创新术语含义存疑时，可以通过翻看本辞典获得解释。

（2）创新型企业可以在本辞典基础上汇编适合企业内部员工使用的“创新术语集”。

（3）对创新管理感兴趣的朋友可以通过阅读本辞典了解创新管理的基础知识。

本书提供了两种查阅词条的方法：一种是按照词条名称的首字拼音顺序，标出首字拼音的开始页码；另一种是按照词条分类，列出各个类别词条的所在页码。读者可根据实际需要综合采用两种词条查阅方法。

由于时间和水平的限制，可能还有某些重要词条未被收录，已收录词条的解释也不一定准确和完整，恳请大家指正。对本辞典有任何改进意见与建议，请发邮件与作者联系，作者不胜感谢！作者邮箱：cvisc@vip.188.com。

拼音索引

本书词条按汉字拼音排序。

分类索引

根据词条分类索引。基于各词条在创新不同阶段、不同管理维度的实用频率分类，供读者参考。

01基本创新术语

02创新战略管理

03创新前端管理

04产品开发管理

05产品交付管理

06创新技术管理

07创新团队管理

08创新流程管理

09创新项目管理

字母

3R设计 3R Design

3R设计是绿色创新，在产品设计时要考虑减少原材料和能源消耗（Reduce）、要考虑产品或零部件的可回收（Recycle）或者再利用（Reuse）。

04产品开发管理

3R思维 Three R's

激发新产品创意的3个基本步骤：记录（Record）、回想（Recall）和重构（Reconstruct）。

03创新前端管理

4D创新流程 4D Innovation Process

知行信创新咨询提出的基于客户需求的、公司级的、端到端的新产品开发管理流程，包括创新战略管理（Decision）、创新前端管理（Discovery）、产品开发管理（Develop）和产品交付管理（Delivery）4个大的创新阶段。

08创新流程管理

B to B Business to Business

产品的买卖在企业之间进行，产品不是卖给终端消费者的，这类产品通常是工业产品，如手机芯片。

01基本创新术语

B to C Business to Consumer

产品由企业卖给终端消费者，这类产品通常是消费类产品，如手机。

01基本创新术语

DESTEP模型 DESTEP Model

分析企业外部环境的一种工具，DESTEP分别代表地理位置（Demographics）、环境（Environment）、社会（Sociology）、趋势（Trends）、经济（Economics）和政治（Politics）。参见PESTEL分析。

02创新战略管理

ISO 9000

国际标准化组织制定的企业质量体系，通过该体系认证检验企业与该标准的符合度。ISO 9001是针对新产品的一套认证标准。

01基本创新术语

Kaizen

日语，指持续的、渐进式的改进。持续改进是一种管理方法，也是一种管理思想。

01基本创新术语

M曲线 “M” Curve

一段时间内产生的创意数量的描述，经常看起来像字母M的两个拱门。

03创新前端管理

O2O Offline to Online

企业的产品营销从线下走向线下线上相结合的模式。企业将线下的商务机会与互联网结合，让互联网成为线下交易的前台。例如，服装企业可以开设线下展示厅供消费者挑选和体验，同时提供网上销售服务。

01基本创新术语

PESTEL分析 PESTEL Analysis

系统分析企业外部环境的方法，从6个方面对企业外部环境进行分析：政治（Politics）、经济（Economics）、社会（Sociology）、技术（Technology）、环境（Environment）和法律（Law）。

02创新战略管理

Q排序 Q-Sorts

对复杂问题进行分类与排序的一种流程。 01基本创新术语

Scamper创意激发方法 Scamper

一种创意激发方法，因scamper单词中的字母与相应动词的首字母相符而得名。S（Substitute）—替代；C（Combine）—合并；A（Adapt）—改造；M（Modify）—修改；P（Put to another use）—改变用途；E（Eliminate）—取消；R（Reverse）—逆向操作。 03创新前端管理

SWOT分析 SWOT Analysis

优势、不足、机会和风险分析，其从竞争对手、客户需求以及市场/经济环境条件对公司进行优势与劣势分析。 02创新战略管理

TRIZ

TRIZ是俄语中发明问题解决理论（Theory of Inventive Problem Solving）的缩略词。TRIZ是一种解决问题和创造多种可选的正确解决方案的一种系统方法。TRIZ通过让个人进行超出自己经验的思考来提升创造性，使用科学其他领域的解决方案来解决问题。TRIZ是苏联发明家阿奇舒勒在研究了250万项发明专利后总结出来的。TRIZ方法归纳出39种技术矛盾，总结出40种解决技术矛盾的方法。TRIZ方法的发明人阿奇舒勒说："你可以花一万年获得顿悟，也可以在15分钟之内解决问题。" 06创新技术管理

A

阿尔法测试 Alpha Testing

阿尔法测试是对样机产品的初步测试。阿尔法测试的主要目的是发现和消除尽可能多的明显的设计缺陷或失效。阿尔法测试通常在企业内部进行，也可能在领先用户的受控环境下进行。测试环境应该尽可能模拟用户实际使用环境。阿尔法测试应该由专业测试人员进行，不应该由产品开发人员进行，测试应该尽可能客观。阿尔法测试要确认设计的产品功能参数能否实现，要发现导致产品失效的各个方面的问题，要评估产品适配与功能，要基于测试结果修改、矫正与完善新产品。参见**贝塔测试**和**伽马测试**。

04产品开发管理

B

把关者 Gatekeepers

在新产品开发流程各决策评审点对新产品开发项目进行决策的团队。把关者团队通常由公司高层管理者与各职能部门负责人组成，也称为产品审批委员会或者组合管理团队。 08创新流程管理

保龄球战略 Bowling Alley

产品上市早期阶段的一种战略，该战略强调首先聚焦于某个特定的利基市场，通过提供具有明显差异化的“整体产品”在该市场建立强大的地位，然后利用在该市场取得的优势再扩展到相邻的其他利基市场。保龄球战略的成功取决于通过亲近客户建立在利基市场上的产品领导地位。 02创新战略管理

贝塔测试 Beta Testing

批量生产前的一种外部测试，是在用户和客户实际使用产品的环境下由用户进行的产品使用测试，以便在产品上市前发现更多的产品系统缺陷与问题。贝塔测试是在阿尔法测试的基础上进行的，目的是评价新产品在客户环境下能否正常使用。例如，邀请某些客户对一款软件进行为期1~2个月的测试，客户可能会发现软件的缺陷和问题。产品开发团队在收集客户使用测试反馈信息的基础上，修改和完善产品，避免产品上市后出现类似问题。客户常常能发现产品开发团队“视而不见”的问题。 04产品开发管理

备选项目 Back-Up

备选项目是替换开发失败的前置项目的项目，往往与前置项目同步

开发，或者进度适度滞后。备选项目与前置项目面向同一市场，具有相似的功能和性能。通常前置项目产品和备选项目产品只有一个最终投放市场，避免引起内部的直接竞争。 04产品开发管理

本地化 Localisation

不同国家在文化、语言和法规等方面存在差异，企业根据不同国家的特点和需求对产品进行针对性的调整，以满足不同国家客户的不同需求。 04产品开发管理

本土创新 Indigenous Innovation

利用本地的知识和原材料、技能以及资源开发新产品，解决本地客户的需求问题。 01基本创新术语

必须满足的准则 Must Meet Criteria

决策准则中有任何一项不符合则项目不能进入下一阶段。例如，某项目不符合公司发展战略，则该项目被“枪毙”。 08创新流程管理

变革管理 Change Management

变革管理是管理个人、团队、组织变革的流程。为了持续为客户开发出创新性的产品，创新型企业应该视变革为常态。从制造走向创造的传统企业需要在以下某个或多个方面进行深入的变革：①战略转型变革，由制造走向创造、由模仿走向创新、由低成本战略走向差异化战略；②组织模式变革，新产品开发组织模式由职能式组织模式转变为跨职能团队组织模式；③创新流程变革，由部门内部职能式流程转变为跨职能的公司级流程；④绩效管理模式变革，由考核过程走向考核结果，由考核个人和部门走向考核团队。 01基本创新术语

变革平衡 Change Equilibrium

驱动或阻碍组织变革力量的平衡。 01基本创新术语

变形模块 Variant Modular

在标准模块基础上做较小的改变，以适应客户的个性化需求。

06创新技术管理

变形设计 Variant Design

变形设计是在已有产品设计的基础上做特定的修改以产生一个和原设计相似的新产品。这种修改一般不破坏原设计的基本原理和基本结构特征，是一种参数的修改或结构的局部调整或两者兼而有之，其目的是快速、高质量、低成本地开发新产品以满足不断变化的市场的要求。 04产品开发管理

标杆学习 Benchmarking Study

以值得学习的企业为榜样，对照标杆企业发现差距，学习和运用标杆企业的成功做法有针对性地改进企业绩效。例如，华为公司以IBM公司为创新管理标杆，聘请IBM公司做顾问，系统学习其有效运行的创新管理体系，以提升企业创新管理水平。现在，华为公司已成为中国众多中小科技企业学习的创新标杆。 01基本创新术语

标准文件 Standard Document

规范管理体系的格式、术语等的基础文件，作为各项流程、制度制定的指引。 08创新流程管理

标准制定战略 Standard Setting Strategy

主持或参与产品的国家标准、行业标准制定，成为标准制定者。

02创新战略管理

表单 Form

管理流程或制度中的标准化的表格模板。 08创新流程管理

并购 Mergers and Acquisitions

一家企业购买另一家企业的部分或者全部股权。与单纯的内生式有机增长相比，并购能够帮助企业快速应对变化。技术变化、全球化、同质化、低增长、获取所需能力等都是可能的并购动机。 02创新战略管理

并购增长 Acquisition Growth

与有机增长相对应的一种增长方式，指企业通过收购或合并其他企业实现增长。 02创新战略管理

并购战略 Acquisition Strategy

并购战略是企业增长战略的一种。企业通过自主开发新产品或者并购实现持续增长。通过并购企业可以快速进入某一领域，或者快速获得企业所需的某种能力。并购通常需要企业付出高昂的代价。并购通过支付现金或者股票进行。有效的并购战略通常是大公司并购小公司。例如，思科公司每年通过并购多家创新性的小公司获得所需的关键技术和创新人才。 02创新战略管理

并行 Concurrency

同时进行产品开发流程中的多项活动，而不是先后串行进行。

09创新项目管理

并行工程 Concurrent Engineering，GE

采用跨职能团队并行地完成产品开发流程中的各项工作，而不是通过各个职能部门串行完成。并行工程要求开发团队从项目一开始就系统考虑从创意到退市全产品生命周期的所有要素，包括质量、成本和维护等。采用并行工程方法进行新产品开发，能大幅

缩短新产品开发和上市周期，能大幅提升产品开发质量，能有效降低产品开发成本，能有效提升新产品开发成功率。采用跨职能团队组织模式是实施并行工程的前提。 09创新项目管理

波特五力模型 Porter's Five Forces

迈克尔·波特开发的分析框架，通过与5种对象比较评价企业能力：竞争者、供应商、客户、进入者障碍与替代者威胁。 02创新战略管理

不连续创新 Discontinuous Innovation

没有提前预料到会出现的产品，这些产品建立全新的消费模式，带来行为习惯的改变。例如，苹果公司的智能手机对传统功能手机而言就是不连续创新，特斯拉的纯电动汽车对现有汽车产业也是不连续创新。不连续创新往往从行业外部产生。 01基本创新术语

不连续技术 Technology Discontinuities

某领域的技术出现突然或者重大的改变，对产品或者行业产生破坏性的影响。不连续技术有可能给现有产品带来正面影响或者负面影响。 06创新技术管理

不确定性范围 Uncertainty Range

在一项业务假设中，最高值（最好）与最低值（最差）之间的幅度。 01基本创新术语

部件 Subassembly

部件由多个零件组成，可以装配在一个更大的部件上或者直接装配在最终产品上。一个部件能够实现一项或者多项产品功能。部件通常采用模块化设计。 04产品开发管理

C

财务测试 Financial Testing

主要目的是保证新产品在上市过程中能获得所需的资金支持，上市后能获得预期的投资回报。财务测试内容主要包括：①产品成本测算；②销售额与利润测算；③现金流测算。

04产品开发管理

财务成功 Financial Success

新产品实现了预期的利润、利润率、投资回报率等财务目标。

02创新战略管理

采用率 Adoption Rate

衡量创新产品被各类用户接受的程度。

01基本创新术语

采用曲线 Adoption Curve

消费者或市场决定采用一个新产品或一项新技术的多个阶段的描述。在个体层面，每位消费者均须经历从认知阶段（知晓该产品）到心动阶段（喜欢和偏爱该产品），再到行动阶段（做出购买决策并购买该产品）。在市场层面，新产品通常首先由尝新的客户购买（占该市场客户的比例约为2.5%），然后是早期采用者购买（占比约为3.5%），然后是早期的大多数客户购买（占比约为34%），然后是后期的大多数客户购买（占比约为34%），最后是最后一批客户购买（占比约为16%）。

04产品开发管理

参考文档 Reference Document

用于支撑标准、规范和指南的辅助文件。

08创新流程管理

参与式设计 Participatory Design

一种开放式创新方法，不仅让潜在用户参与测试，而且邀请他们参与产品设计和决策。 04产品开发管理

操作手册 Operator's Manual

指导用户正确使用产品的书面指引。 08创新流程管理

测试板 Breadboard

一种概念性的模型验证方法，用于验证产品如何运作，没有完整的产品外观呈现。例如，制作一块手机线路板，用于验证手机的主要功能是否能够实现。这种验证方法一般在新产品设计开发阶段的早期进行。 04产品开发管理

测试市场 Testing Market

将新产品以受控的方式投放到一个或者几个区域市场，以验证产品的市场接受度及上市方案和营销方案的有效性。 04产品开发管理

测试与矫正阶段 Testing and Validation Stage

目的是对整个项目进行最终的、全面的矫正：包括可以商业化的产品、产品的生产以及产品的营销等。此阶段的主要活动包括：更广泛的产品使用测试、客户测试、市场测试以及试生产等。在测试与矫正阶段要进一步验证立项分析报告中的相关内容，要确保新产品能满足客户和利益相关者的期望。 08创新流程管理

层次分析法 Analytical Hierarchy Process，AHP

一种复杂的、多参数问题的决策工具，通常需要考虑问题的定性和定量方面，是新产品项目筛选和评价的战略层面的决策支持工具。层次分析法通过收集专家的判断做出最优的决策。层次分析

法包括目标、决策准则和决策选项。层次分析法将决策要素基于共同的特点分为多层结构，形成决策树或归因图。 02创新战略管理

差距分析 Gap Analysis

对项目实际结果与预期结果差异的分析。通过差距分析发现问题，找到问题产生的原因，避免出现同类问题。新产品项目通常对预期收入和利润与实际收入和利润间的差距进行分析。 09创新项目管理

差异化 Differentiation

差异化是某一产品与同类其他产品的不同之处。只有差异化的产品才有可能实现不同的定价，同质化的产品带来的只能是价格战。只有客户看重的、对客户有价值的“差异化”才是真正意义的差异化，否则只能是企业自我宣传的“噱头”。差异化来源于企业对客户需求的洞察。没有差异化，就没有一切！ 02创新战略管理

差异化战略 Differentiation Strategy

差异化战略是一种与低成本战略相对应的企业战略选择。企业通过开发与主要竞争对手有重大差异化的产品和服务来获得竞争优势，而不是以更低的成本和价格获取市场份额。企业差异化的来源主要包括：创新的产品和服务、领先的技术、优异的品质、独特的品牌定位以及卓越的服务等。 02创新战略管理

产品 Product

产品是公司提供给外部市场销售或消费并获取回报的任何东西。产品提供给客户的东西包括功能、性能、利益和用途等。免费的东西不能叫产品，内部交换和使用的东西也不能叫产品。产品涵盖有形产品、无形服务以及两者的结合。实物产品、软件、服务和以上三种的结合形成的解决方案都是产品。对客户而言，产品

是满足需求的手段。对企业而言，产品是赚钱的工具。产品的成败很大程度上决定了企业的成败，所以西方有一句谚语：产品就是企业！

01基本创新术语

产品包 Product Backlog

敏捷产品开发的基础。对系统的需求，以多个按照优先顺序排列的产品包任务的形式呈现。这些产品包包括功能性的和非功能性的客户需求，以及项目团队提出的技术性需求。

04产品开发管理

产品创新 Product Innovation

产品创新是通过开发新产品或者改进现有产品，以满足客户和企业利益相关者的需求，实现企业预期的创新绩效目标。产品创新涵盖的范围比新产品开发更为广泛。新产品开发主要指开发和测试过程，主要指如何将“创意变为现实”。而产品创新涵盖战略规划、创意产生、开发测试以及上市管理等全过程。产品创新更强调“创新”，更强调开发出满足客户需求、超出客户期望的差异化的新产品，而不是开发出平庸的、同质化的、低附加值的所谓“新产品”。

01基本创新术语

产品创新管理 Product Innovation Management，PIM

对从新产品创意激发到设计开发、上市、产品生命周期管理及退市等全过程的管理。产品创新管理基于流程视角可以分为创新战略管理、创新前端管理、产品开发管理和产品交付管理4大阶段，详见**4D创新流程**。产品创新管理从内容视角可以分为创新战略管理、创新前端管理、创新技术管理、创新团队管理、创新流程管理、创新项目管理6大子系统，详见**研发与产品创新管理体系**。

01基本创新术语

产品创新绩效 Product Innovation Performance

新产品取得的市场回报，主要表现为对公司收入和利润的贡献。

07创新团队管理

产品创新任务书 Product Innovation Charter，PIC

产品创新任务书是重要的战略性文件，内容包括启动该项目的原因 、目的、目标、指引和边界等，涵盖产品开发项目的“由谁做（who）、做什么（what）、在哪做（where）、何时做（when）以及为什么做（why）”等内容。产品创新任务书在创新前端的立项分析阶段由项目立项分析小组起草，由公司产品审批委员会评审，是公司产品审批委员会与产品开发团队签订的产品开发合同的重要组成。在开发阶段，.产品开发团队要持续对照产品创新任务书，检查项目是否仍在定义的范围内，检查在创新前端阶段洞察的市场机会是否仍然存在。

04产品开发管理

产品定位 Product Positioning

与竞争对手相区别的、客户看重的差异化的产品特性和价值。产品定位是企业推销产品的“卖点”。

02创新战略管理

产品定义 Product Definition

产品定义的核心是将客户需求转换为产品特性，并初步明确产品特性数值。产品定义是一个将客户语言转换为技术语言的过程，需要市场代表和研发代表等组成团队共同完成。产品定义是进行项目立项分析的前提，也是产品设计的输入。新产品开发前期系统、完整和深入的产品定义能够大大减少开发过程中的返工，大大降低产品成本，大大缩短产品开发和上市周期。产品定义的主要工具有质量功能展开（QFD）。

03创新前端管理

产品服务化 Product-Servicisation

将实物产品和无形服务紧密结合，以更好地满足客户需求。服务可分为三类：①产品导向的服务（如维修服务、咨询服务）；②使用导向的服务（如房屋租赁服务）；③结果导向的服务（如移动电话服务）。 01基本创新术语

产品改进 Product Improvement

对现有产品进行缺陷消除、质量提升、成本降低、功能优化、性能改善等工作，根据产品改进幅度，可以分为微小改进和重大改进。 05产品交付管理

产品更新 Product Rejuvenation

为了延长产品生命周期、扩大销售量，对处于成熟期或衰退期的产品进行改进、升级、重新包装或者重新设计。 05产品交付管理

产品管道 Product Pipeline

对开发中的产品进行排序，明确上市的先后顺序。 04产品开发管理

产品管理 Product Management

通过持续监控和优化营销组合要素，确保产品始终能满足客户需求，并能实现公司的盈利目标。需要管理的营销组合要素包括：产品及其特征、沟通策略、分销渠道以及定价等。参见**产品生命周期管理**。 05产品交付管理

产品及周期优化法 Product and Cycle-Time Excellence, PACE

由PRTM（Pittiglio Rabin Todd & McGrath）咨询公司1986年提出的。PACE将产品开发中的关键因素综合在一起，以解决许多现有

产品开发流程的缺陷。归结起来主要有7个要素：①阶段评审流程；②核心小组；③结构化开发流程；④开发工具与技术；⑤产品战略流程；⑥技术管理；⑦管道管理。阶段评审流程、核心小组、结构化开发流程、开发工具与技术4个项目管理要素形成了PACE的基础。这些要素对每个产品开发项目都是必要的，它们只有在整个流程的框架内才会有效。任何一个要素的成功都依赖于整个产品开发流程中的其他要素。PACE的系统结构可以看作7个互相关联的要素，用于项目管理和跨项目管理。 01基本创新术语

产品计划 Product Plan

与新产品开发相关的所有关键内容的详细描述，含产品描述、时间规划、资源、财务预测及产品交互管理计划等。 04产品开发管理

产品架构 Product Architecture

明确组成产品的部件及其之间的相互关系。产品架构应该在产品开发阶段的早期明确。产品架构是将客户需求转换为产品设计的流程。这是产品设计中的关键步骤。坚实的产品架构能够提高产品的最终性能，降低生产过程中产品变化的成本，加快产品的上市速度。产品架构设计是产品开发团队中“系统架构师”的重要工作。产品架构设计是一个分析与综合相结合的系统思维的过程。产品的组成是由原材料（materials）组成零件（parts)，由零件组成部件（components），由部件组成装配件（assemblies），最后由装配件组成产品的过程。产品架构设计有两种类型：模块化架构（Modular Architecture）和集成架构（Integrated Architecture）。 04产品开发管理

产品经理 Product Manager

负责某产品所有相关任务的人，对产品全生命周期管理负责，对产品经营业绩负责。产品经理是客户代言人，是产品的迷你CEO。消费品公司的产品经理也被称为品牌经理。 07创新团队管理

产品开发 Product Development

将客户需求转化为客户能够获得产品或服务的过程。产品开发通常包括设计开发、测试矫正和上市管理3个阶段。 04产品开发管理

产品开发检查清单 Product Development Check List

完整列出产品开发过程中所需要完成的任务、任务主责人、任务起止时限，并实时跟进检查。 04产品开发管理

产品开发流程 Product Development Process

公司流程的一种，产品开发流程和订单交付流程是企业最重要的两大流程体系。产品开发流程体系包括创意产生、概念开发、立项分析、设计开发、测试矫正和上市管理等阶段。 08创新流程管理

产品开发六西格玛 Six Sigma for Product Development, SSPD

六西格玛方法用于新产品开发流程的各个阶段，强调每个流程阶段的质量缺陷率低于六个西格玛。SSPD可用于新产品开发中的多个阶段：前端组合规划、技术开发、软件开发、营销与产品商业化、产品评审等。六西格玛方法比较适合改进型创新的文化，过度强调产品过程质量可能会抑制突破性创新。 04产品开发管理

产品开发团队 Product Development Team，PDT

由完成各项产品开发任务所需的各职能人员组成的跨职能团队。产品开发团队不是对将产品“做出来”负责，是对实现产品上市后预期的收入（利润）目标负责。不同类型的新产品开发项目可以分别采取强度不同的矩阵式跨职能团队。详见**弱矩阵团队**、**平衡矩阵团队**和**强矩阵团队**。

07创新团队管理

产品开发引擎 Product Development Engine

企业能力、原则、流程、实践、工具、方法与技能的系统组合，这些组合使得企业具有以有竞争力的方式面向市场适时开发出高价值的产品的能力。

01基本创新术语

产品开发战略 Product Development Strategies

产品开发战略是新产品开发的策略选择，包括：领先战略、模仿战略、快速创新战略、破坏性技术导入战略、预先宣告战略、合作战略、标准制定战略以及平台战略等。

02创新战略管理

产品开发组合 Product Development Portfolio

为实现公司总体战略目标而做出的多类新产品开发项目组合决策。产品开发组合要有确保近期生存的项目，也要有未来发展的项目；要有改进型的项目，也要有创新性强的项目；要有低风险的项目，也要有高风险高回报的项目。

02创新战略管理

产品平台 Product Platform

是多个产品共同具有的结构或基本架构，或者是多系列产品成功商业化的基础。产品平台可以是技术、部件、子系统及流程等。对高新技术企业而言，产品平台主要是一系列产品或产品线的共同的技术、模块的集合。产品平台决定了最终产品的成本结构、

功能以及差异化。当新产品的开发成本很高，但是可以开发系列产品时，应该考虑采取产品平台模式进行开发。 06创新技术管理

产品平台管理 Product Platform Management

对产品平台进行生命周期管理，包括：平台规划、平台设计、平台优化、平台升级、平台替换及平台退市等。 06创新技术管理

产品平台规划 Product Platform Planning

基于客户需求研究定义多个产品的共用平台，并对平台未来的演化进行规划。产品平台规划步骤：①识别细分市场并且明确每个细分市场的客户需求；②设计产品平台架构，让各个细分市场的多个不同产品共享多个部件、模块和生产流程。基于平台的系列化开发能有效降低各个产品的开发成本、缩短开发周期。 02创新战略管理

产品上市 Product Launch

同上市。 04产品开发管理

产品设计规格书 Product Design Specifications

包括所有必要的图纸、尺寸、环境因素、人体工程学因素、美学因素、成本、所需的维护、质量、安全、文档与描述。该文件应给出具体的例子陈述该项目的设计将如何进行，帮助团队成员正确开展工作。 04产品开发管理

产品审批委员会 Product Approval Committee，PAC

由公司领导、各职能部门负责人组成的跨职能决策评审团队，负责在新产品开发流程的每个决策评审点对新产品开发项目进行决策评审。其在每个决策评审点的主要工作内容包括：①对项目团

队提交的上一阶段的项目交付件进行完整性与可信度评价；②基于事先设定的决策评审准则对项目做出通过、枪毙、重做及搁置4种明确的决策；③批准进入下一阶段的项目审批行动计划、承诺项目所需资源。不同复杂程度的项目可以任命不同层级的产品审批委员会成员。在项目的不同决策评审点，产品审批委员会的组成成员可以有所不同。

07创新团队管理

产品升级 Product Update

对现有产品在性能上进行较大幅度改善和提升，如苹果公司iPhone手机从11代升级为12代。

05产品交付管理

产品生命周期 Product Life-Cycle

狭义的产品生命周期指产品批量上市后到产品退市的周期，通常包括导入期、成长期、成熟期和衰退期等阶段。广义的产品生命周期包括从创意产生到产品开发、产品上市、产品持续销售、产品退市的全过程。

05产品交付管理

产品生命周期管理 Product Life-Cycle Management，PLM

是对产品批量上市后到产品退市前的过程的管理。产品生命周期阶段是产品实现投资回报的阶段，需要通过有效管理实现产品投资回报最大化。产品生命周期阶段的主要管理内容包括：产品改进、产品升级、产品系列化等。产品经理是产品生命周期管理的守护者。PLM简称也指产品生命周期管理软件。

05产品交付管理

产品失败 Product Failure

产品开发项目没有实现预定目标，主要是财务目标。

07创新团队管理

产品使用测试 Product-Use Testing

产品使用测试是通过产品的更多的使用找出产品的优点和不足。根据测试环境的不同，产品使用测试可分为阿尔法测试、贝塔测试和伽马测试3类。 04产品开发管理

产品数据管理 Product Date Management，PDM

是对产品所有数据和生命周期信息的管理。产品数据管理是进行产品并行开发所必需的。数据库中的数据应该始终保持最新的版本。有效的产品数据管理能缩短产品上市周期、提升产品设计和生产的准确性、改进项目管理。PDM简称也指产品数据管理软件。 04产品开发管理

产品死亡率 Product Mortality

新产品上市后的一定时间周期内未实现预期投资回报即宣布退市的产品数量占该时间周期内上市的所有新产品数量的比例。

07创新团队管理

产品特性 Feature

消费者需求或问题的解决方案。产品特性给消费者带来好处。通常多个产品特性满足消费者一个需求。 03创新前端管理

产品退市 Product Retirement

产品退市是产品管理的最后一个阶段，在该阶段产品应该有计划地退出市场，直至停止销售、生产和服务。 05产品交付管理

产品退市管理 Product Retirement Management

产品管理的最后一个流程阶段，主要内容包括客户投资保护、客户迁移、停止宣传、停止销售、停止采购、停止生产、停止服务、

资料存档等。产品退市后需进行退市后评审。 05产品交付管理

产品退市时间表 Product Discontinuation Timeline

一款产品从市场上退市的详细流程与时间安排。产品可能在做出退市决策后立即退市，也可能需要一年或者更长时间才能执行完退市时间表，这取决于市场与产品的特点和条件。 05产品交付管理

产品系列化 Product Serialization

基于一个共用的产品平台为不同细分市场客户开发具有不同功能和（或）性能指标的多款产品，以满足不同细分市场客户的差异化需求。例如，奥迪汽车基于共用的轿车平台分别开发A4、A6、A8等面向不同消费群体的多个系列的轿车。 05产品交付管理

产品线 Product Line

面向一个目标市场的具有相似功能和用途的一系列产品。这些产品也可能共享技术、分销渠道、定价、服务，以及其他营销组合要素。例如，奥迪汽车的A6产品线的系列汽车的目标客户主要就是有商务需求的人士。 02创新战略管理

产品线经理 Product Line Manager

负责整条产品线多个系列产品的规划和管理，对整条产品线的收入和利润等绩效目标负责。 07创新团队管理

产品线延伸 Product Line Extension

一种产品系列化开发策略，系列化产品的功能不会有重大改变。在某一产品的基础上通过增加或者修改部分产品特性开发出新产品，以便可能多地获取各细分市场客户。 05产品交付管理

产品线战略规划 Product Line Strategic Planning

对一条产品线未来3~5年要开发的产品和技术等进行规划。产品线战略规划要采取“上市一代、开发一代、规划一代”的策略，以保证公司未来战略目标的实现。产品线战略规划的主要内容包括：①产品线核心战略愿景描述；②产品平台规划；③产品线规划；④年度新产品、新技术开发计划等。通过产品线战略规划指导日常新产品、新技术开发工作。 02创新战略管理

产品小样 Pre-Production Unit

采用手工或试验设备制作的产品，而非通过批量生产流程生产的。该产品外形与最终产品一样，并且能够运转。 04产品开发管理

产品需求文件 Product Requirement Document

产品需求文件是市场团队和开发团队之间的“协议”，完整、明晰地描述要开发的必需的产品特性（功能与性能需求），以及这些特性如何验证（比如通过测试）。产品需求文件是产品设计的输入。 03创新前端管理

产品优势 Product Superiority

公司产品与竞争产品的差异化，公司产品为客户提供更大的好处和价值。产品优势是新产品取得商业化成功的关键成功要素之一。 02创新战略管理

产品与流程绩效成功 Product and Process Performance Success

新产品满足产品本身及开发流程绩效标准的程度。 07创新团队管理

产品原型 Product Prototype

新产品概念的物理模型。基于使用目的不同，产品原型可能只是外形设计，可能可以模拟部分功能，也可能是两者的结合。产品原型可以用于可视化地征求客户意见，或开发团队讨论产品结构和功能。

04产品开发管理

产品战略定位 Product Strategic Positioning

产品战略定位是企业通过什么方式和途径为哪些客户提供什么产品和服务的决策。产品战略定位的目的是获取和保持竞争优势，实现产品创新绩效目标。产品战略定位包括目标客户定位、客户价值定位和商业模式定位3个方面。

02创新战略管理

产品召回 Product Recall

产品召回是由于产品存在质量缺陷而从市场上返回制造商的过程。产品的质量缺陷可能会对消费者的生命、财产及环境安全造成危害。多个国家已经进行了产品召回立法。产品召回的领域主要包括食品、化妆品、农产品、玩具、家用电器、医疗器械、汽车等。产品召回包括主动召回和被动召回。主动召回是厂商自己发现产品存在安全隐患而主动从市场上召回批次产品。被动召回是消费者或者相关政府部门发现了产品的安全隐患而强制要求厂商召回相关产品。

05产品交付管理

产品主人 Product Owner

通常用于敏捷产品开发。产品主人是在产品包优先级排序与需求问题方面代表客户利益的拥有最终决策权的人。产品主人也可以理解为产品经理。

07创新团队管理

产品自动化 Product Autonomy

产品在无须人工干预的情况下自动完成一些任务。例如，全自动洗衣机能够自动完成衣服的漂洗和脱水等工作。 04产品开发管理

产品总监 Product Director

对公司一个系列的所有产品线、所有产品进行整体管理的人，各产品线经理向产品总监汇报工作。 07创新团队管理

产品族 Product Family

基于一个共用的产品平台开发出的一系列产品的组合。一个产品族的产品通常共用多个零部件。一个产品族的不同产品分别具有不同的特性/功能以满足不同细分市场客户的差异化需求。一个产品族可能包含多条产品线，如奥迪轿车可以定义为一个产品族，奥迪A4、A6为两条产品线。 02创新战略管理

产品组合 Product Portfolio

企业已上市的产品及产品线的集合。 02创新战略管理

产业联盟 Industry Alliance

一条产业价值链上下游企业之间形成的比较松散的合作关系，例如，轨道交通产业联盟、医疗器械产业联盟等。建立产业联盟的主要目的是加强合作、共同发展。 02创新战略管理

产业平台 Industrial Platform

一家或者多家公司的产品组合成为整个产业开发产品和服务的平台。例如，微软和英特尔公司在软硬件方面的产品组合（Windows-Intel）成为电脑整机生产商、电脑外围设备生产商以及应用软件开发商的共同的产业平台。 06创新技术管理

常规创新 Routine Innovation

建立在企业的现有技术能力之上，与现有商业模式匹配的创新。常规创新聚焦于性能改进、新版本或新一代发布。 01基本创新术语

长期成功 Long-Term Success

新产品在生命周期的大部分时间段内都能取得符合预期的收入和利润。 02创新战略管理

成本创新 Cost Innovation

成本创新是采用突破性的新方式实现低成本。一些中国企业借助成本创新战略成功进入国际市场。成本创新方式主要有三种：①以低成本实现高技术；②以大众化的价格实现产品的多样化；③以低成本生产专业化的产品。 02创新战略管理

成本加成法 Cost-Plus

成本加成法是一种传统的产品定价方法。逻辑是产品成本是A，企业希望获取的单位产品利润是B，那么产品定价就是A+B。这是一种最简单，也最“落后”的定价方法。成本加成法是从企业视角而不是客户视角进行定价，适合于竞争不充分、需求不饱和的“理想”市场。事实上，这是一种缺乏战略思维的定价模式。在竞争激烈、产能过剩的市场环境下，采用成本加成定价法的新产品很难上市成功。 04产品开发管理

成本降低计划 Cost Reduction Program，CRP

在产品生命周期管理阶段有计划地持续降低产品成本，以保持市场竞争优势、实现公司预期的投资回报。成本降低的重点是产品本身，但是总体的成本与运营、营销和服务等环节也密切相关。 05产品交付管理

成本领先战略 Cost Leadership Strategy

靠成本和价格优势获取市场份额的一种产品战略。成本领先战略通常在短期内能够获取一定的市场份额，但从中长期看很容易导致整个产业的低价同质化竞争，最终导致整个产业无利可图甚至陷入恶性循环。从长期看，成本领先战略通常不是一种真正有效的战略选择。 02创新战略管理

成本设计 Design to Cost

基于客户的支付能力和竞争对手的定价等确定产品的目标成本，以目标成本作为产品设计的基础。通过去除冗余功能或者降低部分性能参数等实现目标成本。成本是设计出来的，大部分成本要素在产品定义和设计阶段就已经确定了。 04产品开发管理

成功 Success

产品实现了预期的财务绩效目标。产品开发成功有4个方面，其中，项目层面包括3个方面，即财务、客户和产品的技术性能。第四个方面是新产品对整个公司的成功的贡献。 07创新团队管理

成熟阶段 Maturity Stage

产品生命周期的第三个阶段。成熟阶段市场竞争开始加剧，利润率开始下滑、产品的市场份额开始下降，企业需要通过开发和上市下一代产品维持市场份额。 05产品交付管理

成长阶段 Growth Stage

产品生命周期的第二阶段。这个阶段标志着销售快速增长，市场接受该产品或服务。产品到达成长阶段表明已经成功穿越“死亡之谷”。 05产品交付管理

承诺 Commitment

在新产品开发项目中，高层管理者对项目的承诺分为两种：一是资源承诺，高层管理者必须承诺项目所需的人员、人员技能、人员的时间和精力投入以及资金；二是心理承诺，高层管理者必须对项目的不确定性、项目的风险以及项目不一定产生符合预期的回报等有心理准备。开发具有突破性创新特点的新产品对高层管理者的心理承诺有更高的要求。

07创新团队管理

持续成功创新 Consistent Successful Innovation

企业的创新成功不是偶然事件，不是靠运气，而是基于可以实现持续成功创新的创新管理体系。偶然成功是运气，持续创新靠体系。

01基本创新术语

持续创新 Consistent Innovation

企业不断推陈出新，不将创新看作偶然为之的事情。持续创新通常是创新型企业的文化特征，只有持续创新才能持续发展。追求持续创新的企业要建立突破性创新与改进型创新均能持续产生的组织模式、创新流程和激励机制。

01基本创新术语

持续改进 Continuous Improvement

一种有效的管理方法，在日语中称为Kaizen。持续改进是通过评审、分析和返工等方式渐进式地改进做法和流程。

01基本创新术语

持续性创新 Sustaining Innovation

不创造新的市场或价值网络，只是在现有产品基础上开发出价值更大的新产品，通过持续改进进行竞争。

01基本创新术语

冲刺 Sprint

敏捷产品开发中的一个术语，是完成特定开发任务，项目由开发

阶段走向评审阶段。 04产品开发管理

重新定位 Reposition

改变产品在消费者心目中的定位。重新定位可能是原先的定位失败，或者市场已经发生了变化。重新定位一般通过改变营销组合进行，而不是重新开发产品。 02创新战略管理

出口条件 Exit Requirement

在新产品开发流程中，完成一个阶段或者一个评审需要提交的文件。 08创新流程管理

初步物料清单 Preliminary Bill of Materials，PBOM

物料预测清单，含所有部件、中间件、原材料以及整机装配所需的工程设计、工具设计与客户需求，列明每种物料装配所需数量。初步物料清单一般在项目立项分析阶段提供。 03创新前端管理

串行工程 Sequential Engineering

参见**并行工程**。 09创新项目管理

串行开发流程 Baton-Passing Process

一种传统的新产品开发方法。一个职能部门完成部分开发任务后，将项目转交给另一个部门，新产品开发项目在各个职能部门之间传递，项目开发流程是各个职能部门内部流程，不是公司级的流程。最佳实践公司大多采用基于跨职能团队的公司级流程并行地进行新产品开发。 08创新流程管理

创新 Innovation

创新是组织在技术、产品、流程和服务等方面的变化或改进，这些变化或改进能给客户和组织中的其他利益相关者带来更多或更

好的价值。简而言之，创新就是创造新的客户价值，创新就是将创意变成钱。对企业而言，创新是经济概念，不能实现经济回报的所谓创新都是“伪创新”。

01基本创新术语

创新方法 Innovation Methods

能够帮助企业进行有效创新的各种方法，包括创意激发方法、需求研究方法、产品定义方法、技术矛盾解决方法、项目可行性分析方法等。

01基本创新术语

创新工具 Innovation Tools

从事创新活动所需的管理、组织、分析、评测及设计工具，包括信息技术和决策支持工具、项目管理工具、可制造性设计工具、速制原型、虚拟原型、模型与仿真、CAD/CAE/CAM等。

01基本创新术语

创新管理 Innovation Management

通过流程和制度等对创新进行管理，以提高创新的有效性和成功率。创新管理通常具有4大特点：创新周期长、创新投入大、创新风险高、创新管理难。

01基本创新术语

创新管理人才 Innovation Management Talents

在企业创新活动中承担管理职责的人员，主要包括首席产品官、产品经理、项目经理和流程经理等。

07创新团队管理

创新行动学习法 Innovation Action Learning，IAL

知行信创新咨询提出的系统学习和掌握创新方法的学习方法，主要包括创新方法学习、创新实践辅导和创新成果评价3个阶段。创新行动学习法强调“干中学”与“学中干”的结合。通过在实际创新项目中应用创新方法，检验创新方法的有效性，提升员工

的创新能力，改善创新项目绩效。 07创新团队管理

创新技术管理 Innovation Technology Management

创新技术管理是知行信创新咨询研发与产品创新管理体系（RDIM）的子系统之一，主要内容包括基础研究管理、技术开发管理、技术要素库建设与管理、零部件归一化管理、模块化设计与管理、技术平台规划与管理等。 06创新技术管理

创新绩效指标 Innovation Performance Index

衡量公司创新绩效的指标，公司新产品销售收入/利润占整体销售收入/利润比例、公司人均产值/利润，公司研发人员人均产值/利润等是非常重要的创新绩效指标。 07创新团队管理

创新决策委员会 Innovation Steering Committee

由公司高层组成，负责决策公司新产品开发方向和目标的团队。

07创新团队管理

创新理念 Innovation Mindset

企业鼓励和支持创新的态度和观点。正确的创新理念主要包括：①创新是创造性地解决问题，而不只是提出众多天马行空的创意；②有规范、有效的新产品开发流程；③新产品开发流程始于前端问题识别和需求研究；④采用专注的跨职能团队进行创新；⑤制定有效的创新激励机制，鼓励企业家精神；⑥高层管理者的承诺是成功创新的基石。 07创新团队管理

创新领导者 Innovation Leader

对企业持续成功创新负有领导责任的中高层管理者，主要包括企业董事长、总经理、首席产品官、首席技术官，各职能部门负责

人等。首席产品官是企业创新领导者的核心人物。 07创新团队管理

创新流程 Innovation Process

从创意产生到产品取得商业化成功的全过程的流程。创新流程通常分为前段（创意产生、概念开发、立项分析）、中段（设计开发、测试矫正、上市管理）和后段（产品生命周期管理、产品退市管理）3个大阶段。参见4D创新流程。 08创新流程管理

创新流程管理 Innovation Process Management

涵盖创新流程分类、流程框架梳理、阶段流程撰写、决策评审点定义、流程管理制度制定等内容。 08创新流程管理

创新能力成熟度模型 Innovation Capability Maturity Model, ICMM

知行信创新咨询提出的评估企业创新管理水平的方法。ICMM将企业创新能力成熟度分为不规范（I级）、有规范（II级）、有效（III级）和高效（IV）4级。ICMM从6个方面评估企业创新能力成熟度：①创新战略管理；②创新前端管理；③创新技术管理；④创新团队管理；⑤创新流程管理；⑥创新项目管理。 01基本创新术语

创新前端 Innovation Front End

同模糊前端。 03创新前端管理

创新前端管理 Innovation Front End Management

知行信研发与产品创新管理体系（RDIM）的子系统之一，包括创意产生、概念开发和立项分析3个阶段。 03创新前端管理

创新人才 Innovation Talent

创新人才可以分为领导型人才、管理型人才及技术型人才3类。

创新人才不只是技术型人才，领导型人才和管理型人才对企业持续成功创新更为关键。领导型创新人才包括首席产品官、公司高管和各职能部门负责人等。管理型创新人才包括产品经理、项目经理和流程经理等。技术型创新人才包括系统架构师、标准化工程师和研发工程师等。

07创新团队管理

创新人才培养 Innovation Talent Development

创新型企业通过系统培养创新人才实现企业持续成功创新。知行信创新咨询总结了创新人才培养的“1+6”模式，包括领导型人才（首席产品官、公司高管、各职能部门负责人）、管理型人才（产品经理、项目经理和流程经理）以及技术型人才（系统架构师、标准化工程师和研发工程师）。创新人才应该采取“创新行动学习法”进行系统培养，既要学习系统的创新方法，更要在创新实践中应用和掌握创新方法。

07创新团队管理

创新杀手 Innovation Killer

企业内严重阻碍创新的制度和行为。以下做法可能会成为创新杀手：①公司高层领导不能以身作则地鼓励创新、支持创新；②公司部门之间很难有效配合工作；③公司员工没有自主的时间、精力和资源进行创新；④公司缺乏有效的创新流程；⑤公司缺乏有效的创新激励制度。

07创新团队管理

创新生态系统 Innovation Ecosystem

有助于帮助企业为客户开发创新产品的互补的机构和个人组成的系统。互补的机构有供应商、技术合作伙伴和客户等。企业通过与创新生态系统中的成员互补合作，能够更加有效和高效地进行创新。

07创新团队管理

创新失败 Innovation Failure

新产品开发项目没有实现预期的投资回报率都可以理解为创新失败。有的新产品可能在开发过程中终止或夭折，有的新产品可能在上市过程中中止销售。创新有风险，决策需谨慎。往往多个新产品的失败才换来一个新产品的成功。企业要善于从创新失败中学习，通过创新体系建设避免同样的错误。

07创新团队管理

创新投资回报率 Return on Innovation Investment

用于评估公司在新产品或新服务开发方面的投资有效性的指标。创新投资回报率=3~5年内上市的新产品获得的累计净利润/在新产品开发方面的总投入。创新投资回报率可以用于比较各产品线之间、各事业部之间、行业内各企业之间以及一个公司不同时间阶段的创新投资回报的有效性。

07创新团队管理

创新团队 Innovation Team

对创新项目绩效结果负责的团队。创新团队包括技术开发团队和产品开发团队。

07创新团队管理

创新团队管理 Innovation Team Management

创新团队管理的主要内容包括：公司创新组织模式设计、跨职能团队组织模式设计、创新人才培养、创新团队绩效管理、创新团队激励机制设计等。

07创新团队管理

创新团队激励机制 Innovation Team Incentive System

对创新项目团队和个人进行激励的制度和流程。创新激励包括正向激励和负向激励，包括物质激励和精神激励。创新激励应该以正向激励为主，慎用负向激励。创新激励应以结果为导向，只激励项目过程很难产生真正的效果。

07创新团队管理

创新团队绩效管理 Innovation Team Performance Management

对创新绩效进行目标设定、过程监控和结果评价的管理，包括公司领导层面、部门层面、团队层面和个人层面的创新绩效管理。

07创新团队管理

创新外包 Innovation Outsourcing

企业将创新活动中的一部分交给合作伙伴完成。例如，某通信产品厂商基于全球合作网络的创新模式可能是这样的：美国的合作伙伴设计芯片，韩国的合作伙伴负责工程开发，印度的合作伙伴开发软件，中国的合作伙伴负责生产制造。

04产品开发管理

创新文化 Innovation-Based Culture

公司领导和全体员工将创新视为常态，持续为客户开发和交付差异化的新产品，持续学习和运用持续成功创新的最佳实践做法。

07创新团队管理

创新问题解决方法 Innovative Problem Solving

解决创新问题的有效方法，主要内容包括：明确定义问题、激发很多解决问题的创意、制定行动计划、组织实施以获得新颖的、独特的、意想不到的解决方案。

03创新前端管理

创新项目管理 Innovation Project Management

企业通过创新项目管理实现预期的创新绩效目标，主要内容包括单项目管理、多项目管理和组织级项目管理等。

09创新项目管理

创新型企业 Innovative Enterprises

能够持续成功创新并持续保持市场领导地位的企业。创新型企业有4个主要特征：①有自主品牌；②有自主研发；③有有效的创新管理体系；④是相应细分市场的领导者，能够持续保持领导地位。

01基本创新术语

创新引擎 Innovation Engine

持续洞察客户和市场机会，并率先将机会转化为新产品创意的部门或个人。创新引擎是新产品创意的主要来源。

07创新团队管理

创新战略 Innovation Strategy

公司开发新技术和新产品的定位。创新战略分为领先者、分析者、防御者和反应者4种类型。

02创新战略管理

创新战略管理 Innovation Strategic Management

创新战略管理包括公司创新战略决策、产品线战略规划、产品战略定位和创新资源分配等主要内容。公司领导团队对公司创新战略进行分析、决策、规划和管理。

02创新战略管理

创新者 Innovator

创新者可以指企业，也可以指个人。企业创新者是在同行业中率先采用新技术、新的商业模式、新的管理模式开发新产品，并取得商业化成功的企业，如苹果、谷歌等公司是创新者。个人层面的创新者是率先将创意、技术及发明等开发成成功的新产品，取得商业化成功的人，如爱迪生不仅是伟大的发明家，更是伟大的创新者。

07创新团队管理

创新者的困境 Innovator's Dilemma

创新者的困境是企业能做好改进型创新但是很难抓住突破性创新的机会，企业能满足现有客户的显性需求但是很难洞察潜在客户的隐性需求。不能抓住突破性创新机会，不能洞察潜在客户的隐性需求是很多大型企业走向衰败甚至破产的主要原因，如摩托罗拉、诺基亚和柯达等。

01基本创新术语

创新中心 Innovation Center

企业内部设立的或者多个企业合作设立的创新机构，目的是源源不断地推出成功的创新产品。创新中心不是对产品的技术实现负责，而是对产品的商业化成功负责。IBM等公司的研发中心都已改为创新中心。华为公司与多家机构合作建立“联合创新中心”。企业将研发中心改为创新中心不只是名称的改变，而是观念、职责和目标的改变。

07创新团队管理

创新周期 Innovation Cycle

从提出新产品创意到新产品开发、新产品上市、产品生命周期管理及产品退市管理的全过程。

08创新流程管理

创新资源 Innovation Resources

企业用于新技术、新产品开发的资金、设备、人员及人员的时间等。

09创新项目管理

创新资源分配 Innovation Resource Allocation

企业基于战略重要性、长短期平衡及价值最大化等原则将公司创新资源在不同类型创新项目、不同产品线项目之间进行合理的分配。只有开始花钱，战略才能落地。创新资源分配是公司创新战略落地的核心标志。

02创新战略管理

创业导向 Entrepreneurial Orientation

创新型企业的一种经营和管理理念，指企业善于识别和利用意想不到的机会进行创新，并取得商业化成功。企业设立多个事业部、多条产品线，任命多名产品（线）经理或组建管理团队，就是创业导向的典型体现。 01基本创新术语

创意 Idea

一个新产品或新服务最初级阶段的形态描述。例如，某企业希望开发一款0~100千米加速时间只需要3秒钟的纯电动汽车就是一个新产品创意。 03创新前端管理

创意产生 Idea Generation

为客户的问题寻求各种解决方案的所有活动与流程。该方法在新产品开发的各个阶段均可应用。在产品开发早期可以用于产生初始概念，在产品开发中期可以用于解决开发过程中的问题，在产品开发后期可以用于产品上市规划，在总结与复盘阶段可以用于更好地理解产品在市场上成功与失败的原因。 03创新前端管理

创意产生阶段 Idea Generation Stage

创新前端管理的第一个阶段。创意产生阶段的主要工作是激发出尽可能多的突破性的新产品创意，并且对新产品创意进行有效筛选和管理。在创新前端，创意数量是创新成功的朋友。获得好创意的前提是要有尽可能多的创意。 08创新流程管理

创意丰富 Idea Enrichment

通过头脑风暴等方法对现有创意进行完善，以便让创意有机会通过筛选进入概念开发阶段。 03创新前端管理

创意管理 Idea Management

创意的收集、分类和筛选等活动，通常通过规范的流程和制度进

行创意管理。创新型企业通常建立创意库，以系统管理入选的创意、搁置的创意和“被枪毙的”创意。企业应该将新产品创意与合理化建议分开管理。 03创新前端管理

创意回报率 Return on Ideas

反映创意的潜在价值。 03创新前端管理

创意激励 Idea Incentive

对新产品创意提出者进行物质和（或）精神激励。创新型企业应该有书面的创意激励制度，以便营造积极的创新氛围，源源不断地激发出突破性的新产品创意。 03创新前端管理

创意交流 Idea Exchange

一种发散思维方法，以平和、不带判断的方式鼓励大家提出各种不同创意。 03创新前端管理

创意库 Idea Pool

对新产品创意进行全面收集和管理的知识库。 03创新前端管理

创意评审 Idea Review

基于事先确定的决策准则对新产品创意进行决策，确定创意是否可以进入概念开发阶段。 03创新前端管理

创意筛选 Idea Screening

同首次筛选。 03创新前端管理

创意收集 Idea Collection

从公司内外各个渠道系统地收集新产品创意，将新产品创意纳入创意库并进行有效分类和管理。 03创新前端管理

创意优点指数 Idea Merit Index

通过评价各个创意优点数量公平地排列多个新产品创意优先顺序的内部评价方法。 03创新前端管理

创造力 Creativity

能够激发出既新颖又实用的创意的能力。创造力是创新的主要驱动力，能帮助公司获取持续的竞争优势。 03创新前端管理

创造力测评 Creativity Measurement

有学者提出从4个维度测评人们的创造力：流畅度（创意的数量）；灵活度（不同的创意的多少）；原创度（独特创意的多少）；细致度（细化的创意的多少）。 07创新团队管理

创造性领导力 Creative Leadership

激发全员创造性的领导能力。创造性领导力对创新型企业持续成功创新非常重要。有学者总结了提升创造性领导力的6种方法：①通过提出启发灵感的问题激发创造性，让全员激发创意；②鼓励合作，打破部门之间的交流障碍；③让不同背景和能力的人在一起工作；④设立创意激发流程，对创新前端进行比较宽松的管理；⑤奖励成功，宽容失败，从失败中学习；⑥激发员工实现富有挑战性的目标。 07创新团队管理

创造性破坏 Creative Destruction

革命性地打破现有的思维和行为模式，实现突破性的创新。创造性破坏可能带来的创新：①开发新产品或者大幅改善产品质量；②开发新的生产方式；③创造新市场；④采用新的供应商；⑤重构产业结构等。 01基本创新术语

创造性思考方法 Creative Thinking Methods

创造性地思考并解决问题的方法。创造性思考方法可以分为4类：①问题导向的创造性设计；②功能导向的创造性设计；③产品导向的创造性设计；④外形导向的创造性设计。 04产品开发管理

创造性问题解决方法 Creative Problem Solving

创造性地解决难题的结构化思考方法、工具和步骤，由3大阶段、6个步骤组成：①理解问题（识别目标、期望与挑战，收集数据，定位问题）；②产生创意；③制定行动计划（挑选与强化解决方案，制定行动计划）。 06创新技术管理

催化创新 Catalytic Innovation

一种破坏性的社会创新。当现有产品的功能和性能超过了消费者的承受能力时，催化创新有成功的机会。催化创新的产品比现有同类产品质量和性能指标更低一些，成本会低很多，对目标消费者而言是值得购买的好产品。催化创新主要适用于金字塔底端消费者，例如，格莱美银行为贫困农民提供小额贷款业务就是典型的催化创新案例。 01基本创新术语

D

大规模定制 Mass Customization

能以大规模生产的效率水平交付满足客户个性化需求的产品和服务的技术与系统。实现大规模定制的方法主要有模块化产品设计、与客户合作设计等。 04产品开发管理

大数据 Big Data

对海量数据进行计算分析，以揭示模式、趋势与关联性，特别是与人类行为与相互影响相关的方面。 03创新前端管理

单项目管理 Single Project Management

一个项目团队对一个项目进行全程管理。单项目管理的主要内容包括5部分：①设定项目目标；②制定项目计划；③领导项目团队；④监控项目过程；⑤交付项目结果。 09创新项目管理

导入期 Introduction Stage

产品商业化上市的第一个阶段。在该阶段用户试用产品，企业根据用户反馈优化产品。导入期也是检验企业批量生产能力和上市计划有效性的阶段。 04产品开发管理

德尔菲法 Delphi Method

一种专家预测方法，邀请一批专家预测未来情形以获得最可能的看法，如预测行业发展趋势或技术发展趋势等。 03创新前端管理

低端破坏者 Low-End Disruption

产品以合适的功能和很低的价格满足只有最低需求的客户群体，

以获得一定的市场份额。例如，在中国市场定价在1000元以下的智能手机制造商就是低端破坏者。

01基本创新术语

低价战略法 Low-Price Strategy

低价战略法是采用比主要竞争对手更低的价格进入市场，以期快速扩大市场份额，通过规模生产降低成本，最终获得较大利润。低价策略意味着牺牲近期利润以“购买”未来的市场份额。这种定价方法在参与厂商众多、市场竞争非常激烈的家电、消费电子产品等行业使用得非常频繁。低价战略往往不是一种有效的长期创新战略。

02创新战略管理

底线准则 Threshold Criteria

任何提议的新产品开发项目可接受的绩效目标的底线值。

07创新团队管理

迭代开发 Iterative Development

同敏捷开发。

04产品开发管理

定价模式创新 Pricing Innovation

定价模式创新是在不改变战略定价标准的前提下采用与同类产品不同的定价模式来满足目标客户的价值需要，以提升市场份额，保证产品盈利水平。例如，某产品不采用一次性付款模式，而是采用分期付款、租赁或分时共享等定价模式，可以理解为定价模式创新。

02创新战略管理

定量的市场研究 Quantitative Market Research

对足够大的样本量的消费者进行调查，通过统计获得可靠的数据。定量的市场研究方法用于了解不同客户需求的重要度水平、性能排序、对当前产品的满意度 、试销的概率、重复购买率、产

品偏好等。 03创新前端管理

定性的市场研究 Qualitative Market Research

通过一对一或者一对多的方式对少数受访者进行研究，洞察他们的动机、感受和看法。定性的市场研究方法通常用于收集初步的消费者需求，获得对创意或者概念的初步反馈。定性的市场研究用于了解人们为何会购买某一产品，定量的市场研究用于了解有多少人会购买该产品。 03创新前端管理

动态能力 Dynamic Capabilities

企业持续提升或保持其核心能力的能力。 02创新战略管理

端到端创新流程 End to End Innovation Process

从创意产生到产品退市全过程的新产品开发与管理流程。知行信创新咨询提出的端到端创新流程包括创新前端管理、产品开发管理和产品交付管理3个大的阶段。 08创新流程管理

短期成功 Short-Term Success

新产品上市后不久的绩效表现符合预期即可以理解为短期成功。其评估期限一般设定为新产品上市后一年左右。 07创新团队管理

多维量表法 Multidimensional Scaling，MDS

揭示各个数据之间相似性的一种工具（如多个产品或市场之间的相似性）。 03创新前端管理

多项目管理 Multi Project Management

公司项目管理部门对多个项目进行统筹管理，多项目管理可以采取看板管理等方法进行。公司项目管理部门主要监控各个项目的里程碑节点和业务决策评审点。 09创新项目管理

E

二手市场研究 Secondary Market Research

研究现有数据，这些原始数据已经有人收集。 03创新前端管理

二手信息 Secondary Information

来源已经公开的或者通过公开途径可以获取的信息。在市场研究中，一般首先进行二手市场研究，再进行一手市场研究。

03创新前端管理

F

发明 Invention

以前不存在的一种新的、有用的技术、流程和设备等。发明本身不是创新，将发明变成取得商业化成功的产品才是创新。发明者是科学和获得解决实际问题的技能之间的桥梁。 01基本创新术语

发散思维 Divergent Thinking

不受局限地进行头脑风暴，以激发尽可能多的新颖的、有趣的新产品创意。 03创新前端管理

反馈机制 Feedback Mechanisms

对项目问题、建议的一种沟通流程。例如，问题反馈单就是一种反馈机制。 09创新项目管理

反应者 Reactors

一种创新战略。这样的企业随波逐流，被动反应，没有真正意义上的创新战略。这样的企业只有在被逼无奈的情况下才会考虑开发新产品。 02创新战略管理

范例 Example

在流程表单中撰写一个实际的例子以便于表单使用者正确地理解该表单，高效地使用该表单。 08创新流程管理

范式 Paradigm

以某种特定的思考模式完成某些活动的特定的方法。 02创新战略管理

方法 Method

系统地做好事情的具体的途径，如市场研究方法就是系统了解客户需求、竞争对手状况以及市场整体状况的方法。 01基本创新术语

防御者 Defenders

一种创新战略。这样的企业通过各种可能的方式守住现有产品的市场份额，而不是通过开发新产品扩展市场份额。防御战略是一种被动的创新战略。 02创新战略管理

仿真 Simulation

采用计算机绘制三维图形的方式模拟演示产品的原理或实际应用，以完善或改进产品。仿真方法在新产品概念开发及早期设计开发阶段应用较多。仿真方法可以减少对实物原型制作的需要，降低开发成本，加快开发速度，改善产品质量。 04产品开发管理

非产品优势 Non Product Advantage

产品的营销组合要素而非产品本身创造的竞争优势。要素包括营销沟通、分销、公司声誉、技术支持及相关服务等。 05产品交付管理

非破坏性测试 Nondestructive Test

保持产品的外观及运作结构完好的产品测试。 04产品开发管理

非一致性 Non-Conformance

与预设的结果不一致，例如，生产过程中不同批次的产品出现不同的质量问题。 04产品开发管理

非正式组织 Informal Organization

企业内部基于共同兴趣爱好等自发形成的关系密切的团体。非正式组织往往打破现有组织结构，有利于跨部门沟通。项目经理需

要充分利用良性的非正式组织为项目服务，同时注意化解非良性的非正式组织行为可能给项目带来的不利影响。 07创新团队管理

分布式团队 Dispersed Teams

团队成员分散在不同地区的产品开发团队，团队成员可能分布在不同的时区，不同的国家。 07创新团队管理

分布式新产品开发 Distributed New Product Development, DNPD

在不同地区、不同时区不间断地开发某一新产品，也称“接力开发”。跨国公司通常有条件采取分布式新产品开发模式。分布式新产品开发能够大幅缩短新产品开发和上市周期，但是要处理好跨地域、跨语言、跨文化的沟通和协同事项。 04产品开发管理

分层抽样 Stratified Sampling

一种抽样方法，将调查样本根据某些变量分成若干层，从每一层中抽取样本。 03创新前端管理

分类 Classification

将一个整体按照自然关系分为多个部分或者多个层级。

01基本创新术语

分析者 Analyzer

遵循模仿创新战略的公司。当其他公司某类产品公开上市后不久，该公司快速推出同样好或者更好一点点的同类产品，而不是第一个推出新产品或新技术的企业。分析者也被称为模仿者或快速跟随者。 02创新战略管理

分销 Distribution

将产品（服务）从产地交付到终端用户手中的合作伙伴及交付方法。分销是与直销相对应的一种销售方法。 05产品交付管理

份额替换 Cannibalization

新产品的需求来源于对公司正在销售的产品的需求的侵蚀。这通常是一种主动的市场策略，用新一代的产品逐步替换正在销售、销量逐步减少的产品，以维持公司在该市场的整体市场份额。例如，苹果公司用新一代iPhone12手机替代iPhone11手机。被动公司的市场份额可能被竞争者的新产品替换。 05产品交付管理

风格 Tone

消费者使用一款新产品时的感觉、感情或态度。 04产品开发管理

风险 Risk

在创新项目中可能会发生也可能不会发生的情境。风险一旦发生将对项目产生消极或负面影响。在新产品开发项目中，风险可能来自市场、技术和管理等多个方面。对于风险需要采用风险跟踪表等工具进行风险分析和管理。参见**风险分析**。 09创新项目管理

风险承受度 Risk Tolerance

项目投资人对项目风险愿意承受的程度。项目投资人对于不同类型的项目愿意承受的风险程度不同。例如，对于创新性很高的项目，投资人的风险承受度相对也更高。 09创新项目管理

风险定量分析工具 Risk Quantification Techniques

8种常用的风险定量分析工具可以用于创新项目管理：决策树分析；期望经济价值；失效模型与影响分析（FMEA）；门特卡罗

仿真；项目评价与评审方法（PERT）；实物期权分析；情境分析；敏感性分析。 09创新项目管理

风险分析 Risk Analysis

对创新项目可能会发生的风险进行识别，制定风险规避措施（预防风险发生）和应对措施（风险发生后如何应对）。可以采用规范的风险跟踪表对创新项目风险进行分析和管理。创新项目风险主要有团队风险、市场风险、技术风险、制造风险、环保风险和财务风险等。 09创新项目管理

风险管理 Risk Management

对新产品开发项目风险进行识别、评价、规避和应对的流程。 09创新项目管理

风险规避 Risk Avoidance

改变项目计划以消除风险，或者避免项目目标受到风险带来的潜在的影响。 09创新项目管理

风险减轻 Risk Mitigation

采取行动以降低风险发生的概率，或者将风险造成的影响限制在可接受的范围。 09创新项目管理

风险接受 Risk Acceptance

当项目团队不能改变项目计划时必须接受的具有不确定性的事情或条件。 09创新项目管理

风险转移 Risk Transference

采取行动消除风险的影响，将风险转移给第三方。例如，某些电子产品制造商将电子元器件的采购外包给专业的采购商，以转移

电子元器件库存积压和汇率波动风险。 09创新项目管理

封闭式创新 Close Innovation

与开放式创新对应，指企业只依靠自身内部力量创新，不借助外部力量。封闭式创新不是一种高效的创新模式。 01基本创新术语

服务 Service

服务是产品的一种。服务产品通常是不可见的、不能运输或者存储的。服务的质量与直接服务客户的人员的表现密切相关。与实物产品相比，服务产品主要有4个特点：无形性（Intangibility）；不可分性（Inseparability）；异质性（Heterogeneity）；易逝性（Perishability）。服务也应产品化、标准化、流程化。 01基本创新术语

服务产品化 Service-Productisation

将服务像实物产品一样提供给客户。服务企业规范服务内容和服务流程，形成标准化的服务产品提供给客户，以提高服务质量，降低服务成本，改善服务提供的及时性。信息服务、金融服务和咨询服务等专业服务适合进行服务产品化。 01基本创新术语

服务产品开发 Service Product Development

开发可以重复销售的服务产品。服务产品的呈现方式通常为标准化的服务流程。服务产品的测试和验证通常需要在服务提供过程中进行。 08创新流程管理

服务创新 Service Innovation

对现有服务产品的改进或者开发新的服务产品。服务创新通常分为3个阶段：①效率提升阶段，通过采用信息技术等方式优化服

务流程，提升现有服务产品的交付效率、提升劳动生产率、降低成本；②质量改善阶段，通过重大的流程创新改善现有服务产品质量；③新产品开发阶段，通过产品差异化、开发新产品、新市场以及新的业务机会获取竞争优势。 01基本创新术语

服务管理成熟度 Service Management Maturity

评估企业进行服务产品开发并通过服务获得商业回报的能力。实物产品和服务产品的集成能提高一个企业的竞争优势和创新投资回报。企业的服务管理成熟度可以分为4个阶段：①第一阶段，以实物产品提供为中心，服务创新的主要目的是确保客户能够有效使用产品，确保客户对产品支持的满意度；②第二阶段，作为必须服务的提供商，提供特定的服务以满足特定的客户需求，本阶段服务收入占公司总体收入的15%~20%；③第三阶段，全线服务专家，提供综合的、差异化的服务和产品作为解决方案以解决客户生命周期的问题，本阶段服务收入占公司总体收入的30%~40%；④第四阶段，成为集成解决方案提供商，为客户提供集成的端到端的解决方案，帮助客户创造卓越的经济价值，本阶段服务收入占公司总体收入的50%以上。 01基本创新术语

符合度 Compliance

产品满足客户某些特定需求的程度。 03创新前端管理

复杂产品 Complex Product

复杂产品是一个相对的概念，一般指部件及子系统非常多、开发周期非常长、开发投入非常大、开发风险非常高的产品。例如，中国的大飞机开发就属于复杂产品开发。 01基本创新术语

复杂产品开发 Complex Product Development

建立适用于复杂产品开发和管理的流程与体系。由于复杂产品体系庞大复杂，开发周期长，需要参与的企业、人员非常多，因此应该有一套不同于一般产品开发的流程和管理体系。复杂产品开发需要具有强大的整体系统设计能力，需要具有强大的项目任务分解能力，需要具有强大的多企业协同开发和管理能力。解决方案级产品开发一般是复杂产品开发。

01基本创新术语

G

伽马测试 Gamma Testing

伽马测试即市场测试，在产品销售区域客户现场使用环境下评价产品本身及其营销计划。或者选择1~2个受控的地区，通过实际的分销渠道，在一段时间内，进行广告、促销和所有相关的营销计划活动，并对这些营销活动效果进行评估。此外，在真实的环境下测试产品的功能与利益，测试营销计划要素，确保能够取得预期的结果。要对产品与营销计划进行整体评估，而不能将二者割裂。通过市场测试，应该能够做出比创新前端阶段更为准确的销售数量、销售金额预测，也应该能够获取以下方面更为准确的修订信息：产品上市方案、产品本身、营销沟通、包装、定位及上市计划的其他要素。

04产品开发管理

改变游戏规则的创新 Game-Changing Innovation

创新型企业通过产品创新、技术创新或者商业模式创新打破或改变现有游戏规则。例如，苹果公司通过在其iPod产品中下载付费音乐打破了传统音乐产品的销售模式。

01基本创新术语

改进型创新 Incremental Innovation

在现有同类产品基础上进行的局部、细微改进的创新。这类创新很多是降成本型（Cost Down）的创新，容易被模仿，难以形成核心竞争优势。

01基本创新术语

改进型创意 Incremental Idea

改进型创意主要是在现有产品的基础上进行一些不大的改进、升

级或优化。 03创新前端管理

概念 Concept

对新产品创意的清晰的、书面的、并且可能是可视化的描述，包括其主要特点、带给客户的好处、对所需技术的粗略描述。概念与创意是相对的概念，概念是更为具体化的创意。 03创新前端管理

概念测试 Concept Testing

将新产品概念可视化地呈现给客户以获取客户反馈意见的流程。概念测试的反馈意见可以用于预测销售数据，也可以用于优化该概念以提升销售潜力。概念测试能有效降低产品在客户、市场、技术和设计等方面的不确定性。 03创新前端管理

概念产生 Concept Generation

使得新概念或者新产品创意产生的流程。概念产生有时也称为创意产生。 03创新前端管理

概念开发 Concept Development

对新产品概念进行完善和优化，便于评审新产品概念是否具有进入立项分析阶段的机会。概念开发可以采用SWIFT方法进行：①描述概念的优势（Strength）；②评估概念的不足（Weakness）；③找出概念的特色（Individual）；④找出概念不足的解决方法（Fit）；⑤更新该概念（Transformation）。 03创新前端管理

概念开发阶段 Concept Development Stage

创新前端管理的第二个阶段。概念开发阶段的主要工作是对经过初步筛选的新产品创意进行进一步的优化和完善，以便筛选出更有价值的新产品创意进入立项分析阶段。 03创新前端管理

概念描述 Concept Statement

对概念进行书面的或者形象化的描述，用于呈现给消费者以征求其意见，该工作在产品开发前进行。概念描述的方式可以是书面描述，也可能是草图、3D模式或者速制原型。 03创新前端管理

概念评审 Concept Review

采用事先制定的评审准则对新产品概念进行评审，以决策某新产品概念是否可以进入立项分析阶段。 03创新前端管理

概念筛选 Concept Screening

在创新前端阶段对新产品概念的潜力进行评价。概念筛选评价从多个方面进行：与公司战略的一致性、技术可行性、可制造性、财务成功潜力等。经筛选后有潜力的概念将进入立项分析阶段，进行深入的需求研究等工作。 03创新前端管理

概念研究活动 Concept Study Activity

产品开发任务的一部分，通过对概念进行充分的检查以确定该概念在市场、技术或生产工艺等方面是否具有重大的未知因素。

03创新前端管理

概念优化 Concept Optimization

评价概念的好处或特点对客户的吸引力的研究方法。通过研究选择对客户最有吸引力的好处或特点构成新的概念。 03创新前端管理

甘特图 Gantt Chart

制定项目计划的条形图，标注多个任务的开始时间和结束时间。

09创新项目管理

感知图 Perceptual Mapping

一种定律市场研究方法，用于了解客户对当前及未来产品的看法，是产品在客户心目中位置的直观的、可视化的呈现。

03创新前端管理

刚性入口 Rigid Gate

一个严格的决策评审点，在启动下个阶段前，前一阶段的所有工作必须完成，所有交付件必须提交。例如，新产品的上市评审点应该是一个刚性入口。参见**柔性入口**。

08创新流程管理

高层管理者 Senior Management

比产品开发团队层级更高的决策或者运营管理者。高层管理者对产品有审批权，对产品开发所需资源有控制权。

07创新团队管理

个人卓越 Personal Excellence

个人行为超出了公司或上级领导的期望。

07创新团队管理

跟踪调查 Tracking Studies

产品上市后持续跟踪进行消费者调查，了解消费者对产品的知晓度、对产品的态度、试用情况、使用情况及重复购买率。跟踪调查通常通过电话进行。

05产品交付管理

工厂成本 Factory Cost

在生产场地生产产品的成本，包括材料成本、人工成本和管理成本等。

04产品开发管理

工程模型 Engineering Model

在产品设计过程中采用软件和硬件相结合的方式模拟呈现想要的产品功能。

04产品开发管理

工程设计 Engineering Design

产品或服务定型，具体规格明确。 04产品开发管理

工具 Tool

用于完成某项具体的、可重复的工作的方法，例如，WBS是分解项目任务的一种工具。 09创新项目管理

工业设计 Industrial Design，ID

工业设计通常包括产品外观设计和用户界面设计（User Interface）。产品外观设计主要是实物产品的外观设计，包括产品形状、颜色、材料设计等。用户界面设计主要是人机交互的界面的设计。缺乏工业设计专业人员的企业可以选择与工业设计专业公司合作进行产品的工业设计工作。 04产品开发管理

工作包 Work Package

工作包是将项目工作分拆成可控的基本单元。工作包的详细程度取决于项目控制的需要。工作包的划分应能够便于项目团队成员理解工作的范围，自己的角色与工作职责，需要的时间周期、所需的资源和成本、任务的风险、任务间的相互依赖关系等。项目经理一般不监控工作包内部的工作内容，工作包内部的工作内容由相应的项目团队成员负责完成。 09创新项目管理

工作分解结构 Work Breakdown Structure，WBS

工作分解结构是分层列出所有的项目工作。项目任务分解的原则是“完全穷尽，相互独立”，列出成功地完成一个项目所需的全部工作内容。项目任务分解的基本单元是工作包。 09创新项目管理

工作计划 Work Plan

执行项目的详细计划。工作计划的主要内容包括：划分项目阶段，明确每个阶段的主要步骤，明确每个步骤要完成的工作任务，将每项工作任务分配给相关职能团队成员，明确各项任务起止时限及各项任务之间的依赖关系。 09创新项目管理

工作流设计团队 Workflow Design Team

各个职能部门的人员组成的团队，设计阶段一入口流程系统的工作流组成内容。团队的主要工作内容包括：确定整体流程结构、任务、决策评审点及每个决策评审点的人员组成。 08创新流程管理

公理化设计 Axiomatic Design

公理化设计是获得功能需求的一种有效的系统设计方法，可以用于新产品开发流程早期的概念定义、概念呈现和概念测试阶段。在公理化设计中，整个设计活动分为4个方面：①客户方面，客户希望获得的好处，如客户需要加热食物；②功能方面，设计解决方案的功能需求，如客户选择电子加热的方式加热食物；③物理方面，该设计解决方案的设计参数，如客户希望采用微波炉作为食物加热的设计解决方案；④工艺方面，即工艺变量，如何生产微波炉。 04产品开发管理

公司级成功 Firm-Level Success

新产品开发和商业化的成功对公司战略目标的实现产生了重大的影响，具体可以设定一些绩效指标来衡量。 07创新团队管理

功能 Function

功能是产品或服务为了满足客户需求必须做到的事情的描述，如某手机具有拍照功能。 04产品开发管理

功能测试 Functional Testing

测试产品的某项或者所有功能，确保各项功能符合设计要求，确保各项功能销售后能在客户应用现场有效运转。 04产品开发管理

功能示意图 Functional Schematic

画出组成产品的所有功能要素的示意图。该图呈现产品的功能，呈现原料、能源和信号如何在产品中流动。 04产品开发管理

攻关团队 "Tiger" Team

参见自治团队。 07创新团队管理

共用技术 Common Technology

多个产品都可以用到的技术。共用技术往往是产品平台的组成部分。 06创新技术管理

共用模块 Common Modular

在多个产品中都能用到的功能模块。共用模块通常是产品平台的组成部分。 06创新技术管理

购买者 Buyer

产品的购买人，其不一定是最终用户。例如，购买医疗器械的是医院采购部的人，而使用医疗器械的是医生和护士。 03创新前端管理

购买者集中度 Buyer Concentration

市场上相对较小的购买者群体拥有的购买力的大小程度。购买者集中度越高，说明市场越被少数购买者掌控，这些少数购买者拥有很大的议价权。例如，某空调企业占有空调市场20%以上的市场份额，则该空调企业对空调压缩机等空调关键零部件的定价拥有很大的话语权。 03创新前端管理

购买者体验周期 Buyer Experience Cycle

韩国学者Kim等将购买者体验周期分为购买、交付、保修、维修和丢弃5个阶段。企业可以从这5个阶段分析客户体验的满意度，发现可能的产品或者服务改进与创新的机会。 03创新前端管理

故事板 Storyboarding

以讲故事的方式描述消费者对产品的使用情况，以便更好地理解客户的问题，设计具体的产品参数。 03创新前端管理

故障弱化 Graceful Degradation

当一个产品、系统或设计开始出现小微缺陷时，采取预防性的矫正行动，或者采取保护措施，避免最糟糕的后果发生。其反面是突然实效，产生灾难性后果。 04产品开发管理

关闭的问题 Closed Issues

项目中已得到有效解决的问题，对应开放的问题。 09创新项目管理

关键成功要素 Critical Success Factors

为了新产品项目成功必须做好的少数几个方面，如果这些方面做不好，新产品项目一定会失败。例如，明确的需求、过硬的技术、有效的管理就是新产品项目的关键成功要素。 09创新项目管理

关键假设 Critical Assumption

在新产品立项分析中明确的或者隐含的重要假设，如果这些假设是错误的，该项目机会可能不成立。 03创新前端管理

关键路径 Critical Path

决定项目周期的由多项任务组成的最长的路径。这些任务之间有明确的输入输出关系，前一项任务未完成则不能启动后一项任

务。如果关键路径上的任务能够缩短周期，那么整个项目的周期就可以缩短。 09创新项目管理

关联分析 Conjoint Analysis

一种市场研究方法，调查者给受访者系统呈现产品的描述，包括各项特性及每项特性的层级。受访者回答喜欢哪些特性并且（或者）对每项特性的喜欢程度进行打分。在此基础上通过关联分析，能够确定每项特性、每个层级的相对重要性。 03创新前端管理

观察 Observation

一种有效的市场研究方法，在客户使用某产品的现场查看客户如何使用该类产品的。 03创新前端管理

管道管理 Pipeline Management

协同产品战略、项目管理与职能管理，持续优化所有开发相关活动的跨项目管理，对多个开发项目进行动态的优先级排序，及时优化与调度项目资源。 09创新项目管理

管道管理流程 Pipeline Management Process

对多个开发项目的优先级进行动态管理的流程，由3个要素组成：管道管理团队、结构化的方法与使能工具。 09创新项目管理

管道管理使能工具 Pipeline Management Enabling Tools

帮助管理项目管道的决策支持工具与数据处理工具。决策支持工具能帮助管道管理团队系统地进行项目优先顺序决策。数据处理工具能有效处理海量信息，以分析项目的优先顺序，理解资源与技能负荷，完成管道分析。 09创新项目管理

管道管理团队 Pipeline Management Team

在战略、项目和职能层面负责解决管道问题的团队成员，管道管理的日常团队为项目管理办公室。 07创新团队管理

管道匹配 Pipeline Alignment

多项目资源需求与资源供给之间的平衡。 09创新项目管理

管道载荷 Pipeline Loading

企业中处于不同开发阶段的新产品项目数量和所需开发时间周期，管道过载时会影响多个项目的进度和质量。 09创新项目管理

管理失误 Managerial Fallacies

由公司管理者造成的重大错误、损失或不良影响。 09创新项目管理

广义产品 Augmented Products

广义的产品概念，涵盖企业带给客户的实体产品以外的利益、价值和体验，包括产品包装、产品说明书、产品送货、上门安装、产品使用培训、备品备件、售后服务、质量保证、产品回收以及品牌形象等。 01基本创新术语

规范阶段 Norming

项目团队建设的第三个阶段。团队成员开始正视各自的差异，欣赏成员的能力，尊重团队负责人的权威。 09创新项目管理

规格 Specification

产品的特点与性能特征的详细描述。例如，一台便携式电脑的规格描述如下：容量128GB，重量641克，12.9英寸显示屏，2732×2048像素分辨率等。 04产品开发管理

规模上市 Scale Launch

规模上市阶段是指上市计划全面启动阶段。

04产品开发管理

归一化 Normalization

尽可能减少产品原材料、零部件的种类和规格，将每类物料的品牌和供应商控制在2~3家。

06创新技术管理

归因图 Affinity Charting

一种揭示数据之间关系的“由下而上”的工具。一个人或者一个小组从某个数据开始分析（如某个客户的需求）。然后浏览已有的其他数据（如其他客户需求条目），以发现其他数据与第一个数据之间的相似性，将相似数据放入同一个组别。当发现与第一组数据不同类的数据时，创建一个新的分类。最后，相似的数据分为同一个组，不同类型的数据分为不同组。

03创新前端管理

国家创新能力 National Innovation Capacity

一个国家将各种创新要素转化为商业化创新成功的能力。国家创新能力提升取决于共用的创新资源投入、创新环境营造和各创新要素之间的有效联动等。

01基本创新术语

国家创新体系 National Innovation System

一个国家由多个组织和机构及其相互联系组成的体系，该体系支撑国家的科学、技术和创新的产生、扩散和应用，以实现国家的创新目标。创新目标既包括创造经济价值，也包括创造社会价值。国家创新体系主要由政府、企业、高校及各类科研机构组成。

01基本创新术语

H

合同创新 Contracting for Innovation

一家公司将新产品开发中的全部或者部分部件、软件或者技术开发工作通过合同方式委托给另一家公司完成。合同创新与传统的合同采购有较大的不同。合同创新的合同中有些内容不一定描述得很清楚，有些内容存在较多不确定性。合同创新需要双方及时有效地沟通和配合。参见**合同开发**。 04产品开发管理

合同开发 Contract Developer

公司外的机构基于合同为公司提供产品开发服务。例如，将部分功能软件分包给专业软件公司进行开发。 04产品开发管理

合作 Cooperation

团队成员积极主动一起工作，以实现团队的目标。 01基本创新术语

合作创新 Cooperation Innovation

企业与客户、供应商、高校、合作伙伴等合作开发新技术、新产品，与合作创造、协同创新、开放式创新意思相近。 01基本创新术语

合作创造 Co-Creation

企业与供应商、客户或者研究机构一起解决客户问题，一起开发新产品。合作创造贯穿从创意产生到产品上市的新产品开发的全过程。 04产品开发管理

合作开发流程 Cooperation Development Process

为与外部合作伙伴有效合作开发新技术、新产品而制定的流程。 08创新流程管理

和谐创新 Harmony Innovation

企业创新时同时平衡考虑经济价值、社会价值和生态价值。

01基本创新术语

核心价值观 Core Values

企业在经营过程中坚持不懈，努力使全体员工必须信奉的信条。核心价值观回答“我们必须具备什么品质的员工团队才能实现我们的愿景”的问题。核心价值观是解决企业在发展中如何处理内外矛盾的一系列准则，如企业对市场、对客户、对员工等的看法或态度，它是表明企业如何生存的主张。真正的企业核心价值观是企业领导团队能身体力行并坚守的理念。华为公司的核心价值观：成就客户、艰苦奋斗、自我批判、开放进取、至诚守信、团队合作。

07创新团队管理

核心利益定位 Core Benefit Proposition

消费者购买一个产品的主要目的或者期望获得的主要好处。核心利益定位可能来源于实物产品或者服务，也可能来源于产品的延伸价值。参见**客户价值定位**。

02创新战略管理

核心目的 Core Purpose

核心目的是企业存在的原因。核心目的是员工在公司工作的意义，是员工成就感的来源，不是财务指标。伟大的目的是企业的灵魂。核心目的的描述应该简明、易懂，便于在公司内外沟通和传播。例如，迪士尼公司的核心目的是“让人们快乐”，3M公司的核心目的是“创新性地解决尚未解决的问题”。

02创新战略管理

核心能力 Core Competence

公司比竞争对手做得更好的一种能力，这种能力能给公司带来独特的竞争优势，有助于公司获得和留住客户。核心能力可能包括技术能力、组织能力、供应链能力、运营能力、财务能力、营销能力、合作能力等。企业的核心能力必须自主建设，不能外包。核心能力有3大特点：①应当为给客户带来感知到的利益做出重大贡献；②能广泛用于很多产品和市场；③竞争对手模仿困难。例如，耐克公司专注于品牌建设和产品设计等核心能力，而将生产等非核心能力外包给加工厂商。 02创新战略管理

核心团队 Core Team

由各个职能部门代表组成的跨职能团队，通常每个职能部门为每个新产品开发项目派出1名核心团队成员。核心团队成员自始至终留在项目中。稳定的核心团队有助于减少信息在不同团队成员之间传递造成的误解，也有助于提高团队成员对项目结果负责的承诺。 07创新团队管理

核心战略愿景 Core Strategic Vision

核心战略愿景回答3个问题：公司的战略目标是什么？公司交付给客户什么价值？公司如何与主要竞争对手区别开来？核心战略愿景指导公司的日常创新和运营工作。思科公司的核心战略愿景：思科公司期望持续成为世界网络设备领导厂商。为快速增长的互联网市场，特别是企业网、服务提供商和中小企业提供网络设备。通过利用作为技术领导者的竞争优势，通过提供端到端的网络解决方案保持领导地位。通过开发、技术并购和联盟，思科公司确保其在快速变化环境下的技术领先地位。 02创新战略管理

黑箱设计 Black-Box Design

购买者仅提出性能要求，供应商或分包商负责部件或子系统的详

细设计、开发和制造。 04产品开发管理

横向思考 Lateral Thinking

采用新的方法解决问题，而不是基于逻辑步骤解决问题。横向思考有意识地寻求逻辑思考方式经常忽略的问题解决办法。参见纵向思考。 04产品开发管理

后发优势 Second-Mover Advantage

与先发优势相对应的一种创新战略选择。采用后发优势战略的企业不冒率先进入市场的风险，而是等市场趋势确立后快速地以成本更低或者性能更好的产品进入市场，可能取代先进入者而成为市场领导者。 02创新战略管理

环保设计 Design for Environment，DFE

要考虑产品制造、使用、维修及回收等过程中的节能、健康和环境保护等问题。其目标包括：①保证质量；②最小化健康和安全风险；③减少对自然界的负面影响；④减少废物排放；⑤最小化原材料浪费；⑥减少能源消耗。 04产品开发管理

换代速度 Clock Speed

不同行业产品的更新换代周期。高更新换代率行业在很短的周期内更新多代产品，例如，电子行业每12~18个月就可能更新换代一代产品。低更新换代率行业要很多年才更新换代一代产品，例如，化学品行业可能5~10年才更新换代一代产品。处于高更新换代率行业的企业需要具有高度的环境变化敏感性，需要具有快速地开发和交付新产品的能力。 04产品开发管理

回报 Payout

期望从产品商业化获得的利润金额及实现该回报的周期。

07创新团队管理

回报率 Rate of Return

企业投资的内部收益率。

05产品交付管理

回收期 Payback Period

新产品从上市到全部收回前期开发与营销投资的时间周期。

07创新团队管理

活动 Activity

一项或者多项需要完成以取得预定结果的行动。在项目管理中，活动是最小的工作内容单元，通常由一个人在1天或者几天内完成。

09创新项目管理

获取知识产权 License-In

从企业外部获取企业所需知识产权。

06创新技术管理

获取专利 In-Licensed

从企业外部购买新颖的产品概念或技术，以充实整个新产品开发组合。

06创新技术管理

J

机会 Opportunity

发现客户有未被满足的需求，或者有未被有效满足的需求。通过机会的洞察和分析，产生新产品创意。 03创新前端管理

机会窗 Window of Opportunity

新产品最佳的上市时间段。新产品过早上市可能由于需求不足、教育用户太难而夭折。新产品太晚上市可能由于主要竞争对手已经形成先发优势，占据了大部分的市场份额而使得太晚上市的产品难以获得预期的投资回报。 04产品开发管理

机会分析 Opportunity Analysis

同市场机会分析。 03创新前端管理

机会规划 Opportunity Plan

利用和开发新的机会的短期计划。 02创新战略管理

机会识别 Opportunity Identification

企业在创新前端通过系统的市场机会分析识别出可能的创新机会。机会可能是改进型的，也可能是突破型的。突破型的创新机会往往由行业外的企业识别和把握。例如，纯电动汽车的创新机会由从来没有做过汽车的特斯拉公司成功把握。 03创新前端管理

基础研究 Basic Research

原理性的、前瞻性的、方向性的技术或理论研究，通常不是直接用于某个新产品开发项目。有较大规模的创新型企业需要将一定

比例的创新资源投入基础研究之中，例如，华为公司将每年销售收入的10%投入研发与创新，将10%中的10%即每年销售收入的1%投入基础研究。

06创新技术管理

基于客户的成功 Customer-Based Success

一款新产品被客户和行业接受的程度。

05产品交付管理

基于问题的创意产生 Problem-Based Ideation

一种新产品创意产生方法，将现有产品中存在的问题作为新产品创意产生的来源。例如，苹果公司将传统手机中按键操作不方便的问题作为新产品创意产生的机会，开发出只有一个按键的iPhone智能手机。

03创新前端管理

基准收益率 Hurdle Rate

新产品上市的最低投资回报率要求。

07创新团队管理

集成产品开发 Integrated Product Development，IPD

源于IBM公司的一套产品开发管理方法。IPD作为先进的产品开发理念，核心思想概括如下：①新产品开发是一项投资决策；②基于市场的开发；③跨部门、跨系统的协同；④异步开发模式，也称并行工程；⑤重用性；⑥结构化的流程。除了IBM，早期波音公司也采用了IPD模式。目前IPD为许多世界知名公司如诺基亚、杜邦、思科等企业采用。华为公司在IBM的帮助下实施了IPD方法，通过5年以上的努力取得了较好的成效。总体来说，IPD更适用于有一定规模和基础的企业，中小型企业使用的话需要进行较大幅度的裁剪与适应性改造。

01基本创新术语

集成架构 Integrated Architecture

将一个产品的大多数或者所有功能集成在一个或者少数几个模块上的产品架构。采用集成架构的产品很难分解成多个功能部件。集成架构是与模块化架构相对应的产品设计方法。 04产品开发管理

集群 Clusters

由某一产业的上下游相关企业聚集在一个地理区域形成的一个产业群。产业集群的成员通常包括：生产终端产品的公司，相关零部件、机器设备和服务供应商，金融机构，或者相关行业的公司；也可能包括：终端产品分销商，互补产品的生产商，专业设备供应商，政府，提供专业培训、教育、信息、研究和技术支持的机构（如大学、智库、管理咨询机构、专业培训机构等），标准认证代理机构及行业协会等。产业集群能有效促进一个区域的创新，能增强对相关企业机构的吸引力。为了增进一个区域的竞争力、创新与增长，很多地区和国家都将建立产业集群作为重要的政府政策，如深圳南山区就有轨道交通产业集群、医疗器械产业集群、移动互联网产业集群等。 02创新战略管理

集中办公 Co-Location

项目团队成员集中在一个办公区域办公，便于快速、频繁地进行交流和决策。 07创新团队管理

计划评审技术 Program Evaluation and Review Technique, PERT

一种任务导向的网络图分析方法。当单个活动时间周期的预测具有高度不确定性时，用于预测整个项目时间周期。 09创新项目管理

计算机辅助创新 Computer-Enhanced Creativity

利用专门设计的电脑软件加速新产品开发流程，这样的软件能够帮助创新团队记录、回想和重构创意。 03创新前端管理

计算机辅助工程 Computer-Aided Engineering，CAE

利用电脑进行产品设计、分析和制造。狭义的计算机辅助工程仅指利用电脑进行工程分析。 04产品开发管理

计算机辅助设计 Computer-Aided Design，CAD

能让设计人员和工程师利用电脑进行设计工作的技术。现在的计算机软件能让设计师进行可视化的三维设计。 04产品开发管理

技术 Technology

能用于解决客户问题或者满足客户需求的知识和工具。技术主要包括产品技术（用于开发新产品）和工艺技术（用于生产和交付产品或服务）。 06创新技术管理

技术采用者 Technology Adopters

一项新技术出现时不同企业的应用时机。技术采用者按照应用时机分为4类：①早期采用者（Early Adopters）；②早期的大多数（Early Majority）；③后期的大多数（Late Majority）；④落后者（Laggards）。过早采用新技术可能面临较大的风险，过晚采用新技术可能会丧失进入市场的机会。 06创新技术管理

技术创新 Technological Innovation

在某一行业以新技术代替旧技术，或者在原有技术上做重大改进，从而带来产品的重大改进或升级。 06创新技术管理

技术阶段入口流程 Technology Stage Gate (TSG)

管理技术开发项目的流程，当技术开发项目具有重大不确定性与风险时尤为适用。 06创新技术管理

技术决策评审团队 Technology Review Team

通常由相关专业的技术专家组成，在新产品开发或者新技术开发项目的各个技术评审点对项目进行评审和把关。 07创新团队管理

技术开发 Technology Development

开发新技术或者对现有技术进行重大改进或优化。企业应该将技术开发和新产品开发分开，在重大技术问题解决的前提下才进入新产品开发流程。 06创新技术管理

技术开发流程 Technology Development Process

技术开发具有高度的不确定性和高度的风险，应该将技术开发与新产品开发分开，单独为技术开发设计规范的流程。技术开发流程也由多个阶段和多个决策评审点组成。 08创新流程管理

技术可行性分析 Technology Feasibility

在项目立项分析阶段对新产品开发项目所需攻克的关键技术进行识别。如果关键技术问题不能解决，则该项目将被枪毙。 06创新技术管理

技术路线图 Technology Roadmap

未来3~5年技术开发和升级的规划图，用以指导新技术开发，或者在开发新产品时选择合适的技术。产品路线图指引技术路线图的制定。 02创新战略管理

技术平台 Technology Platform

技术平台是由多种技术组成的一个有机系统，公司的多款产品或

者多条产品线基于该平台进行开发，技术平台是相关产品线产品平台的基础。技术平台代表了一个技术型企业的核心能力。技术平台可能是封闭的，也可能是开放的。例如，微软的Windows操作系统就是一个封闭的技术平台，而Linux就是一个开源的技术平台。苹果公司的iOS平台则是一个“封而不闭”的技术平台，iOS技术平台对消费者是封闭的，对合作的应用技术开发商则是开放的。 06创新技术管理

技术评审点 Technology Review Point

新产品开发或者新技术开发流程中用于对技术成果进行评审和把关的节点。例如，在新产品开发流程的设计开发阶段通常有以下多个技术评审点：概要设计、详细设计、单元测试、集成测试、系统测试。参见**业务评审点**。 08创新流程管理

技术驱动 Technology-Driven

基于公司的技术优势寻找新产品开发机会，与市场驱动相对应。技术驱动也有可能取得创新的成功，但是基于市场驱动的创新普遍成功率要高得多。 06创新技术管理

技术驱动创新 Technology-Push Innovation

不连续技术产生的结果，基于重大的技术变革推动新产品开发。半导体及其相关产业就是技术驱动创新的典型，随着芯片的快速更新换代，电脑等电子产品也快速更新换代。几乎每18个月，芯片性能提高一倍，价格则下降一半（摩尔定律）。 06创新技术管理

技术融合 Technology Fusion

不同领域的核心技术相互融合创造新的产品和市场。例如，光技术和电子技术融合产生了光纤产品和市场。创新型企业不但要注

重融合本专业领域的技术，也要洞察不同专业领域技术的融合可能性，以创造突破性创新的机会。 06创新技术管理

技术上市 Technical Launch

产品上市的一部分内容，主要活动包括：批量生产产能建设、小批量试产、前期产品和流程评审、生产准备、市场测试产品准备等。

06创新技术管理

技术生命周期 Technology Life Cycle

技术从出现、开发、应用、成熟到过时的整个过程。技术生命周期研究有助于公司管理者关注技术、产品、市场和开发活动之间的相互关系。 06创新技术管理

技术体系 Technological Regime

技术体系是以下多个方面的紧密结合：科学知识、工程实践、生产工艺、产品特征、技能与程序、已有的用户需求、法规要求、制度和基础设施等。一个技术体系基本定义了相关技术创新的方向，如化石原料确定了能源生产的技术体系。 06创新技术管理

技术预测 Technology Foresight

预测技术发展趋势及其对企业潜在影响的流程。 06创新技术管理

技术预研 Technology Pre-Research

在产品开发项目正式启动前对关键技术进行预先研究，在解决关键技术问题的前提下才正式启动新产品开发流程，而不是在新产品开发过程中解决关键技术问题。 06创新技术管理

技术战略 Technology Strategy

企业为了持续创新而制定的技术获取、开发和管理方案。技术获

取的方法主要有自研、合作研究、购买等。技术开发战略主要包括技术平台开发战略和核心技术开发战略等。技术管理应该基于技术开发路线图进行有效管理。 06创新技术管理

技术转移 Technology Transfer

将实验室研究出的技术成果应用到新产品开发项目中，实现商业化成功，也指在联盟成员间的技术买卖或合作。 06创新技术管理

绩效度量 Performance Metrics

设定评价产品开发的度量指标，企业据此评价流程改进的程度。可设定的主要度量指标包括：上市时间、每个流程阶段的周期时间、每年上市的产品数量、新产品销售额占比。 07创新团队管理

绩效评价体系 Performance Measurement System

企业在适当的时间周期内监控新产品的绩效指标的体系。

07创新团队管理

绩效指标 Performance Indicators

评价新产品市场表现的指标，包括投资回报率、收入、利润、市场份额等指标。 07创新团队管理

价值 Value

价值是客户从产品或服务中得到的东西，是客户值得付钱购买的东西。 02创新战略管理

价值创新 Value Innovation

与竞争战略相对应的一种战略概念，是同时追求差异化和低成本，是为客户提供同类产品没有的或者比同类产品好得多的价值要素。 02创新战略管理

价值定位 Value Proposition

公司提供给客户的独特的效用。产品的价值定位描述该产品为客户带来什么。价值定位指导产品开发和营销。 02创新战略管理

价值分析 Value Analysis

一种分析产品体系和设计的方法。价值分析的目的是以尽可能低的成本开发出能满足客户需求的产品。 03创新前端管理

价值观 Values

一个人或者一家公司坚守的行为准则。 07创新团队管理

价值链 Value Chain

产品从原材料走向交付给客户的成品的各个步骤，每个步骤都是逐步增值的。通过价值链各个环节的分析，可以看出哪些环节是真正增值的，哪些环节存在浪费。企业可以对价值链上不增值或者增值很少的非核心环节进行外包，以降低产品成本，缩短产品交付周期。例如，苹果公司将相对不怎么增值的产品制造环节外包给富士康公司。 02创新战略管理

架构 Architecture

同产品架构。 04产品开发管理

架构创新 Architectural Innovation

产品架构发生改变，但是各个零部件无须变化。架构创新是对现有系统的重构，以一种新的方式将现有的零部件组装在一起。各个零部件之间是有标准接口的模块化设计时，容易进行架构创新。 04产品开发管理

检查清单 Checklist

提醒产品开发团队成员考虑所有相关方面的检查项列表，可以用于产品开发的各个阶段确保完成了所有相关任务。例如，测试清单作为检查清单用来检查所有测试项是否有效进行。 08创新流程管理

简略图 Thumbnail

用铅笔勾勒出一个新产品创意的示意图。 03创新前端管理

渐进式改进 Incremental Improvement

对现有产品的细小改进以保持产品在客户心目中的新鲜感。

05产品交付管理

交付件 Deliverable

项目阶段性工作取得结果的输出物，如测试报告、样机或市场调研报告等。交付件的完整性、可信性是进行项目决策评审的前置条件。 08创新流程管理

交互分析 Interaction Analysis

产品设计者现场观察用户如何使用产品，作为产品系统设计的输入。 03创新前端管理

焦点小组 Focus Group

一种定性的市场研究方法，8~12个被调查者安排在一个房间，由一个训练有素的主持人就某一主题进行研讨。研讨的主题包括消费者的问题，或者某问题的可能的解决方案。焦点小组方法可以用于识别客户需求、了解客户如何使用产品、测试新产品、了解客户的购买习惯和购买流程。 03创新前端管理

角色扮演法 Role Playing Research

同自己扮演客户。 03创新前端管理

角色模型 Personas

角色模型是用户或客户的原型，代表真实的用户或客户类型。在新产品开发中，角色模型能够使用户和客户可视化，能够有形地“参与”新产品开发过程。设计角色模型能让新产品开发团队更为深入地洞察客户需求，实现客户驱动创新。 04产品开发管理

阶段 Stage

阶段是“做事”的地方。项目团队成员在每个阶段完成关键任务，提交交付件，为决策评审团队提供项目向下一阶段推进所需的决策信息。知行信创新咨询将每个流程阶段定义为人、事、法、果4部分：①项目团队成员及职责（人）；②本阶段需要完成的主要任务（事）；③完成关键任务的方法（法）；④各项任务完成后需要提交的交付件（果）。 08创新流程管理

阶段性的产品开发活动 Staged Product Development Activity

新产品开发每个流程阶段需要完成的任务清单。 08创新流程管理

接力流程 Relay-Race Process

一种串行产品开发流程，一个职能部门完成一系列任务之后，将所有信息转交下一个职能部门，下一个职能部门又完成一系列任务之后，再将所有信息转交给再下一个部门。在这种产品开发流程中，跨职能团队是缺失的。 08创新流程管理

节点 Event

表示某项项目任务已经完成的时间点。 09创新项目管理

节点图 Event Map

描述未来多个重要事件的图表，便于对未来可能会发生或者一定会发生的事件做出预先应对准备。 09创新项目管理

结果驱动创新 Outcome-Driven Innovation

将创新的焦点从客户转移到结果，也即将创新焦点从关注客户本身转移到关注客户想要得到的东西。 01基本创新术语

解决方案开发流程 Solution Development Process

解决方案作为一种相对复杂的产品形式，需要设计专用流程进行开发和上市。 08创新流程管理

金字塔底端消费者 Base of the Pyramid Consumer

表示世界上最贫穷的消费人群。这些人群占世界人口的70%，他们的年人均现金收入低于3000美元。金字塔底端消费者的主要目标是获得买得起的食物、住房、医疗、教育及其他生活必需品。企业应为金字塔底端消费者提供实用、价廉的产品和服务。朴素创新适合金字塔底端消费者。 03创新前端管理

经济增加值 Economic Value Added，EVA

扣除资金成本后的净收益，强调资本本身的价值。 01基本创新术语

精益 Lean

持续努力以减少浪费。 01基本创新术语

精益产品开发 Lean Product Development

以较低的开发成本提高新产品开发的投资回报率。精益产品开发的主要做法有：简化工作单元和流程，提升在流程之间切换速度的能力。基于产品平台进行系列化产品开发是有效的精益产品开发模式。 04产品开发管理

精益六西格玛 Lean Six Sigma

将精益思想和六西格玛方法结合起来使用，瓶颈理论是精益六西格玛的重要配合工具。 04产品开发管理

精益上市 Lean Launch

指采用有限的库存实现新产品首发。 04产品开发管理

净现值 Net Present Value，NPV

将项目现在及未来的现金流按一定的利率折算为现值，便于比较不同项目的投资回报率。 01基本创新术语

竞争 Competition

在竞争的市场环境中，一家企业获取另一企业的市场地位、资源、人才等。 02创新战略管理

竞争导向 Competitor Orientation

了解主要竞争对手的优势、不足、机会和威胁，了解他们的能力和长远战略，并据此制定和实施竞争战略。 02创新战略管理

竞争分析 Competitive Analysis

系统分析主要竞争对手的现状、未来发展方向、优势、不足等，为制定公司竞争战略提供决策信息。 02创新战略管理

竞争情报 Competitive Intelligence

将零散的公开的竞争对手信息转换为相关的、战略性的关于竞争对手的地位、规模、行动和趋势的知识的方法和活动。竞争情报涵盖的工作包括收集、分析和交流最有用的发生在公司外部的竞争趋势信息。 02创新战略管理

竞争优势 Competitive Advantage

一家企业为客户创造的价值大于创造价值所付出的成本，就说明该公司具有竞争优势。为了取得竞争优势，企业有3种战略选择：成本领先、差异化以及聚焦。其中聚焦战略又包括成本聚焦、差异化聚焦、成本与差异化同时聚焦3类。企业竞争优势源于持续创新和持续改进。 02创新战略管理

竞争优势定价法 Price-Competitive

竞争优势定价法是在面临多个同类产品竞争时采用“高性价比”的定价方法。竞争优势定价法不同于低价战略法。低价战略法主要是通过比竞争对手同类产品更低的价格获取市场份额。而竞争优势定价法首先考虑的是客户以某一价格购买某产品是否“值得”，其次考虑该定价与其他同类产品相比是否具有竞争优势。也就是说，竞争优势定价法既考虑了客户的接受度，也考虑了竞争优势。竞争优势定价法是一种“理性”的战略性定价方法，可以普遍用于竞争比较激烈，产品差异化不是特别明显的产品定价。 02创新战略管理

竞争战略 Competitive Strategy

企业与主要竞争对手展开竞争以获得竞争优势的战略选择，包括低成本战略、差异化战略和聚焦利基市场战略等。 02创新战略管理

竞争者合作 Co-Opetition

为了共同的利益直接竞争对手之间开展的合作。竞争者合作主要有3个方面：渠道合作、营销合作和研发合作。竞争者合作也称竞合，通常称竞争者为“友商”。 02创新战略管理

救火 Firefighting

将公司稀缺的开发资源调去解决紧急但不重要的项目问题，导致具有战略重要性的项目一再延期，甚至中途夭折。 09创新项目管理

矩阵收敛法 Matrix Converger

一种收敛思考工具，采用矩阵将数据综合成一些带有编码排序的关键概念。 03创新前端管理

聚类分析 Cluster Analysis

识别细分市场的一种统计分析方法。基于客户对价格、性能和营销方式等的不同看法，将客户分为多个相似的细分市场。然后，测试每个细分市场客户对产品功能的评价。最后，整理不同细分市场的客户评价，形成对整个市场的看法。 03创新前端管理

决策评审点 Decision Review Point

在创新流程中对项目进行阶段性检查和评审的节点。决策评审点分为业务决策评审点和技术决策评审点。 08创新流程管理

决策树 Decision Tree

一种形象的决策分析方法。决策树的每根“树枝”分别代表一个可能的选项，每个选项都有不同的投入、风险和产出的概率。通过计算每根“树枝”的可能利润来做出最优决策。 02创新战略管理

K

开发 Development

在新产品开发流程中，狭义的开发指设计开发阶段的工作，以交付符合预期的样机为标志。广义的开发包括设计开发、测试矫正和上市管理3个阶段，以产品实现盈亏平衡、通过上市后评审为标志。

04产品开发管理

开发变更单 Development Change Order，DCO

在新产品开发过程中执行变更指令的文件。变更的原因可能包括客户需求变更、上市时间变更、目标成本变更等。开发变更单应当作为项目任务书的附件，作为项目变更的依据。

09创新项目管理

开发团队 Development Teams

通常指技术开发团队和产品开发团队。产品开发团队通常采用跨职能团队组织模式。

07创新团队管理

开放的问题 Open Issues

指项目中有待解决的问题。

09创新项目管理

开放式创新 Open Innovation

与封闭式创新相对应，指企业与客户、供应商及合作伙伴等共同合作进行创新。

02创新战略管理

开源创新模式 Open-Source Innovation Model

与传统的知识产权保护创新模式相反的一种创新模式。企业将一项或者多项技术公开分享，便于其他企业或者个人基于这些技术开发新产品、新服务，共同促进整个市场的发展。例如，Linux操作系统就是开源创新模式；特斯拉公司公布所有拥有自主知识产权的电动汽车技术也是开源创新模式。 02创新战略管理

看板 Dashboard

企业监控多个项目状态的一种图表。项目标注红色表明存在重大问题或风险，项目标注黄色表明可能会遇到较大问题或风险，项目标注绿色表示进展正常。通过可视化的看板管理，及时发现项目存在的问题与风险，提升公司多项目管理水平。 09创新项目管理

考核频率 Monitoring Frequency

绩效指标考核的频率，如月度考核、季度考核、年度考核。

07创新团队管理

科研项目开发流程 Science Research Project Development Process

由于科研项目的项目特点、交付成果、评审方式、对团队成员的要求等都与一般的技术开发项目有很大的不同，因此企业需要为科研项目设计专用的开发流程。 08创新流程管理

可测试性分析 Testing Feasibility

对产品在各个开发阶段能否正确、有效进行各项测试进行系统分析。首次可测试性分析在项目立项分析阶段进行。 03创新前端管理

可测试性设计 Design for Testing

要在新产品设计时，考虑各个零部件、子系统及整个产品的测试指标、测试方法和测试设备。一个零部件如果无法测试其性能参数，就无法确保其可靠性。一个软件包如果无法测试其有效性，

就无法确保其在运行的过程中不会出错。 04产品开发管理

可持续创新 Sustainable Innovation

在新产品、新服务开发和商业化的过程中，在产品全生命周期过程中，包括在采购、生产、使用和服务结束等阶段，在经济、环保和社会等方面均遵循可持续开发理念。 04产品开发管理

可持续发展 Sustainability

企业在发展时要注重保护环境，要尽可能减少对空气、土壤、地下水以及人、动植物等的直接和间接损害和破坏。组织可以通过5个阶段的变革走向可持续发展：①将可持续发展承诺视为机会：②使价值链可持续；③设计可持续的产品和服务；④设计新的商业模式；⑤创建下一代的可持续实践平台。 02创新战略管理

可持续开发 Sustainable Development

不牺牲后代利益来满足当前一代产品开发的需求。 04产品开发管理

可服务性分析 Service Feasibility

对产品在交付给客户的过程中及客户在使用产品的过程中能否正确、有效提供相应服务进行系统分析。可服务性分析通常包括客户咨询、产品运输、产品安装、产品使用培训、产品维修保养等。首次可服务性分析在项目立项分析阶段进行。 03创新前端管理

可服务性设计 Design for Service

在新产品设计时，要考虑该产品能否顺利地提供技术服务以及售后服务。可服务性设计需要考虑的内容主要有：零部件的可拆换性、备品备件的可获得性、检测及维修设备及工具的可获得性、相关服务人员及技能的可获得性。 04产品开发管理

可行性 Feasibility

项目可能成功的程度。 03创新前端管理

可行性分析 Feasibility Determination

检查新产品开发项目技术或市场等重要的未知的方面，制定解决或克服这些问题的方案，或者说明可能的局限性。 03创新前端管理

可靠性设计 Design for Reliability，DFR

可靠性是产品在特定的条件下、特定的时间周期内实现设定的功能的概率。可靠性设计聚焦于提高产品的寿命，并且使失效最小化。可靠性设计的方法是提高部件的可靠性，并且在设计中的关键点使用冗余的零件和部件。可靠性对于批量生产的产品非常重要。一个缺陷可能导致整批产品报废。要发现缺陷和问题，并加以解决，以提高产品的使用寿命。 04产品开发管理

可视化 Visualization

用图表的方式进行思考和呈现，例如，多项目进度采用可视化的看板进行监控。在产品设计中采用三维图呈现产品原型也是一种可视化。 09创新项目管理

可维护性设计 Design for Maintainability，DFMt

在产品设计和开发流程中，系统考虑产品在全生命周期中的可维护性问题。 04产品开发管理

可销售性分析 Sales Feasibility

对产品能否进行有效销售并实现预期销售目标进行系统分析。可销售性分析的主要内容包括：销售方式、销售队伍建设、销售队伍培训、销售渠道建设、销售管理制度设计等。 03创新前端管理

可制造性分析 Manufacturability

对新产品能以尽可能低的成本和尽可能高的可靠性简易地、有效地制造出来的可能性的评估。可制造性分析的主要内容包括：厂房设备、制造工艺、工装夹具、生产人员招募与培训、生产管理制度设计等。 03创新前端管理

可制造性设计 Design for Manufacturability，DFM

在产品设计和开发流程中，系统考虑可制造性问题，如考虑零部件如何加工、产品如何整体装配等问题。 04产品开发管理

客户 Customer

购买或者使用公司的产品或者服务的人或机构。 03创新前端管理

客户测试 Customer Testing

通过在客户的工作或生活环境由客户使用（误用或者滥用）新产品，发现新产品存在的缺陷或问题，并加以改进或矫正。客户测试的主要目的包括：①确定产品在实际使用环境下能否（如果不能正常运转，需要进行哪些改进？）；②判断客户是否会接受该产品（为什么接受？为什么不接受？）；③评估客户对该产品的兴趣、喜好和偏好程度，评估客户的购买意愿以及原因；④判断价格敏感性——价格的变化对客户的购买偏好或购买意图有多大的影响；⑤确定客户对产品的哪些功能、利益反响最强烈（这是设计沟通战略的有用信息）。 04产品开发管理

客户导向 Customer Orientation

深入洞察客户需求并通过产品开发和完善持续为客户创造更大的价值。 02创新战略管理

客户反馈管理 Customer Feedback Management

持续地从各种渠道收集和分析客户反馈数据，并据此改进公司产品和服务。概念测试和产品上市后客户满意度分析是收集客户反馈的有效方式。好的客户反馈管理能够改善客户体验，提升公司创新绩效。

05产品交付管理

客户感知成本要素 Customer Perceived Cost Factors

客户感知成本要素是指影响客户对企业及其产品的成本的感知和评价的要素。客户感知成本由3大驱动要素构成：货币成本、精力成本和心理成本。

02创新战略管理

客户感知价值 Customer Perceived Value，CPV

客户对某产品感受到的利益和付出的成本的评价结果，是客户做出购买决策的基础。只有客户感受到的价值才是真正的价值。客户对某产品的感知价值评价一般分为值（倾向购买）、不值（不会购买）和相当（可买可不买）3种结论。

02创新战略管理

客户感知价值要素 Customer Perceived Value Factors

客户感知价值要素是影响客户对企业及其产品的价值的感知和评价的要素。客户感知价值由3个核心驱动要素构成：产品价值、服务价值和体验价值。

02创新战略管理

客户价值 Customer Value

价值是客户从产品中得到的好处与客户需要支付的成本之间的权衡。通过权衡，客户对某个产品会做出值、相当和不值等判断，进而做出购买、可买可不买、不买等决策。客户价值从来源角度可分为产品价值、服务价值和体验价值。客户价值从性质上分可分为保健价值、期望价值和惊喜价值。

02创新战略管理

客户价值超值率 Customer Value Added Ratio

企业产品的值得购买值除以其竞争对手的同类产品的值得购买值的比率。如果该比率大于1，说明企业产品比竞争对手的同类产品更值得购买。 03创新前端管理

客户价值定位 Customer Value Proposition

产品将交付给目标客户的价值的简短的、清晰的陈述。价值是客户从产品中获得的好处和需要付出的代价之间的权衡。通过客户价值定位"定量化"地实现产品差异化。 02创新战略管理

客户价值链分析 Customer Value Chain Analysis，CVCA

系统分析客户价值实现的整个链条，包括客户的供应商、合作伙伴及其客户等，以更深入地洞察客户需求，设计和开发出让客户更为满意的产品。 02创新战略管理

客户偏好测试 Customer Preference Tests

客户偏好测试是测试客户对产品的兴趣、喜爱和偏好程度，从而了解客户对产品的购买意愿。客户偏好测试的价值如下：①更准确地了解产品的市场接受度；②为产品的改进提供建议；③了解客户对产品的评价及其原因。 04产品开发管理

客户情境描绘 Customer Scenario Mapping

书面描绘客户全体验周期的各个阶段和每个步骤。通过和领先用户一起进行客户情境描绘，企业能够获得更多客户需求的细节内容。 03创新前端管理

客户驱动型创新 Customer Driven Innovation

客户作为合作者一起参与企业创新，客户作为重要的一员深度参

与企业的产品及服务开发工作。 02创新战略管理

客户体验 Customer Experience

客户对某企业或者某产品的综合看法，这些看法来自客户与企业及其产品的各个接触点。好的客户体验能够带来回头客及引荐客户，差的客户体验会导致客户远离某公司或产品。 03创新前端管理

客户现场访谈 Customer Site Visits

一种重要的洞察客户需求的定性的市场研究方法。调查者到客户使用该公司产品（或者同类产品）的现场，观察客户使用产品的全过程，观察客户使用产品过程中遇到的问题或困难，并通过交流进一步了解客户对该类产品的需求。 03创新前端管理

客户需求 Customer Needs

客户想要解决的问题。这些需求有些是已经提出来了的，有些还要去了解。洞察客户需求是企业创新之源。 03创新前端管理

客户需求研究 Voice of Customer，VOC

通过一对一的、面对面的、深度访谈的方式洞察客户真正的需求。通过开放式的提问了解客户的真正需求，还要进一步探究客户为什么会有这样的需求，用客户自己的语言完整描述客户需求。客户需求研究是产品定义的输入。 03创新前端管理

客户中心型企业 Customer-Centric Enterprise

将客户作为企业决策和行动的中心，以最好的方式和最高效的方式为客户服务。客户中心型企业以合理的成本对客户需求进行快速响应，通常会采用大规模定制的方式为客户提供一定程度的个性化产品或服务。 02创新战略管理

跨界创新 Crossover Innovation

打破行业边界，将不同行业的技术应用到新产品开发之中，形成独特的竞争优势。例如，招商银行率先将互联网、IT工具应用于银行业，率先开展“一卡通”“网上银行”等业务，获得了一定的竞争优势。

02创新战略管理

跨越鸿沟 Crossing the Chasm

从早期少量领先用户购买产品走向大量用户购买产品的过程。该概念对创造新市场的、技术驱动型的产品与服务尤为适用。创新产品往往在跨越鸿沟的过程中失败。不要认为有少量“尝鲜”用户购买创新产品，该产品就上市成功了。

04产品开发管理

跨职能团队 Cross-Functional Team

由各个职能部门代表组成的新产品开发团队，团队成员涵盖新产品开发和上市成功必需的各个职能部门的代表。跨职能团队的职能代表主要有：营销、研发、制造/运营、采购、财务、客户服务和质量等。各个职能代表得到各个职能部门授权，在新产品开发流程中代表相应职能部门开展工作。参见**核心团队**、**扩展团队**。

07创新团队管理

快速创新战略 Rapid Innovation Strategy

缩短开发周期中的产品规划周期，以更快的频率对产品做微小改进。

02创新战略管理

快速跟随者 Fast Follower

同分析者。

02创新战略管理

扩展团队 Extended Team

在核心团队的基础上参加新产品开发项目的各职能部门人员，扩展团队成员接受相应核心团队代表的领导。例如，研发职能部门可能派出多名结构工程师、硬件工程师、软件工程师作为扩展团队成员参加某个新产品开发项目，这些团队成员接受研发代表的领导。

07创新团队管理

L

蓝海战略 Blue Ocean Strategy

蓝海战略是韩国学者Chan Kim等提出的一种打破传统的竞争导向战略的战略思考方法。Kim等认为竞争导向战略难以实现持续的高绩效、长期的高利润增长。他们建议企业通过创造新市场空间的蓝海抓住新的利润增长机会，目标不是打败竞争对手，而是不需要与竞争对手展开直接竞争。蓝海战略要求企业同时追求差异化和低成本，从而为企业及客户创造巨大的价值。 02创新战略管理

蓝天创意 Blue Sky Ideas

革命性的或者突破性的创意，获得这样的创意需要不同的、非传统的、全新的思考模式。获得这样的创意需要跳出公司现有框框的局限，要眼睛向外寻求获得突破性创意的机会。 03创新前端管理

浪费 Waste

设备、原材料、零部件、空间、人员时间或者其他公司资源的使用超过了确保制造能力增值所需的最小数量就是浪费。浪费活动可能包括：等待时间、半成品积压、返工、原材料转运以及其他没有效率的流程。企业要努力消除7种浪费：成品积压、机器等待时间、物流时间、流程时间、零部件库存积压、过度搬动时间及质量缺陷。

01基本创新术语

里程碑图 Milestone Charts

里程碑描述了关键事件的时间节点。里程碑图的好处是简明扼要地描述出了整个项目的关键事件及截止期限，适合对新产品开发

项目进行关键评审点描述。不足之处是不能反映所有项目任务及任务之间的相互关系。里程碑图适合项目团队与公司项目决策评审团队及项目合作伙伴之间进行沟通。 09创新项目管理

立项分析 Business Case

市场、技术和财务分析等前端工作报告，立项分析报告明确定义产品和项目，制定产品开发计划。立项分析内容涵盖“走向开发”评审点的所有评审输入材料。随着客户需求、市场环境、竞争者、技术等的变化，在开发过程中产品开发团队还要持续优化立项分析报告，并在每个业务决策评审点将更新后的立项分析报告作为重要交付件提交给公司产品审批委员会审核，作为决策的重要依据。 03创新前端管理

立项分析阶段 Business Case Stage

立项分析阶段是创新前端管理的第三个阶段。立项分析阶段的主要工作包括：①在客户需求研究的基础上进行严谨的产品定义和概念测试；②对项目进行系统的市场、技术和财务等可行性分析；③制定设计开发阶段工作计划。 03创新前端管理

利基市场 Niche Market

整体市场中很小的一个细分市场。对新产品而言，可以通过先在一个利基市场建立领导地位，再谋求扩展到更大的市场。

02创新战略管理

利润 Profit

企业销售产品和服务满足客户需求后获得的净回报。利润有“好”“坏”之分。“好”利润是企业从满意和愉悦的客户处获取的利润。“坏”利润是企业从不满意和抱怨的客户处获取的利

润。如果一个企业获取的“坏”利润的比例较高，该公司将逐渐形成负面的市场口碑，失去持续盈利增长的根基。 01基本创新术语

利益 Benefit

客户从企业提供的产品、服务中得到的好处，而不是产品的功能或性能本身。 01基本创新术语

利益相关者测试 Stakeholder Testing

影响新产品上市成功的外部利益相关者主要有供应商、互补者与竞争者、管理者和影响者。利益相关者测试的主要目的是评估这些因素对新产品上市的影响，及时采取有效的措施解决问题，规避风险，提高新产品上市成功率。 04产品开发管理

连续创新 Continuous Innovation

改变消费行为，但是不会改变消费模式的新产品。例如，电动牙刷相比非电动牙刷就是连续创新。 01基本创新术语

联发 Connect and Development

联发即联系与开发，是宝洁公司提出的开放式创新模式。联发创新模式是公司与外部合作伙伴、客户等一起激发创意、一起开发新产品，以充分利用公司外部的创新资源。宝洁公司约有50%左右的创新源于与外部各类创新资源的合作。 02创新战略管理

联合产生创意 Co-Ideation

企业与客户、合作伙伴等一起激发新产品创意，或者一起探讨如何改进现有产品。邀请领先用户一起进行创意激发往往能够收到意想不到的效果。 03创新前端管理

联合设计 Co-Design

指企业与供应商、客户或者研究机构等一起设计和开发新产品。

04产品开发管理

联盟 Alliance

与一家或多家企业（机构）签订正式的合作协议，合作开发新产品、新技术或者新市场等。联盟成员之间分享约定的信息、设备、知识产权及使能技术等。对于合作开发项目，联盟成员共担风险，共享回报。联盟可能带来的好处：获得所需资源、实现规模经济性、共担产品开发风险和成本、加快学习速度、加速产品上市、提升竞争优势。联盟可能带来的坏处：信息泄密、管理复杂性增加、增加财务与组织风险、失去自主性、组织灵活性下降等。建立有效联盟的几条建议：①聚焦市场上未被满足的需求；②尽早讨论联盟各方的价值和角色；③正视联盟各方在文化和能力方面的差异；④各方都有高层领导支持；⑤认识到实际要做的工作会比预期及计划花费更长的时间。

02创新战略管理

领先用户 Lead User

一种客户类型。领先用户发现自己对正在使用中的产品有重要的新的需求，自己动手改进现有产品，或者自己制作一个新产品来满足自己的需求。领先用户这样做是因为他们没有发现能够帮助他们解决这一问题的供应厂商。如果这些领先用户的需求成为大多数目标客户的共性需求，对供应厂商来说，这些需求意味着产品创新机会。企业与领先用户合作能大大提升新产品开发的成功率。

02创新战略管理

领先战略 Pioneer Strategy

公司率先上市新产品以满足市场需求，获取先发优势。

02创新战略管理

领先者 Prospectors

在技术开发、产品开发、市场拓展及产品上市等方面都保持领先的企业，即使个别产品没有利润也要保持首先上市。领先者往往能够成为行业的品牌企业，获得最大的市场份额，获得较好的投资回报，但往往也意味着较高的风险。

02创新战略管理

流程 Process

规范做好一件事情的结构化的文件。流程一般由多个阶段和多个决策评审点组成。流程文件的主要要素包括流程图、流程指南和相关表单模板。凡是重要的、参与的人多的、复杂的、周期长的事情都应该建立规范的流程。规范的流程是对公司及业界最佳实践的总结，可以帮助企业少走不必要的弯路、少犯不必要的错误、少交不必要的学费、少冒不必要的风险。

08创新流程管理

流程IT化 Process ITnization

将设计好的流程导入IT工具中，企业通过IT工具运行流程。流程IT化能提高流程运行效率和质量，提高流程执行的严肃性。流程IT化的前提是流程本身必须有效。

08创新流程管理

流程裁剪 Process Cutting

基于创新项目的不同复杂程度对要遵循的流程阶段及内容进行适当删减，在保证流程有效性的前提下提高流程运行效率。不同复杂程度的项目应该分别对应不同复杂程度的流程，创新型企业可以分别为全新产品开发项目、重大改进型项目及微小改进型项目

设计不同复杂程度的新产品开发流程。 08创新流程管理

流程成熟度水平 Process Maturity Level

度量流程现有水平与将来应该达成的水平，知行信创新咨询将创新流程体系成熟度分为4级：不规范、有规范、有效和高效。

08创新流程管理

流程创新 Process Innovation

采用新的或者重大改进的方法生产或供应产品。主要目的是缩短交付周期、降低运营成本、提高流程灵活性。 08创新流程管理

流程管理 Process Management

对公司所有流程进行规划、制定、实施和评价。流程管理应该基于明确的流程管理制度进行，应该由公司副总经理以上级别的管理人员担任公司流程管理负责人。 08创新流程管理

流程管理体系 Process Management System

对公司所有流程进行统一管理的制度文件。流程管理制度的主要内容包括：流程规划、流程设计、流程实施、流程评审和流程废止等。 08创新流程管理

流程活动 Process Activities

同活动。 08创新流程管理

流程教练 Process Champion

负责流程日常推行的人，鼓励在整个组织中应用规范的企业流程。也负责持续进行流程培训、新增和改进。 08创新流程管理

流程阶段 Process Stage

同阶段。 08创新流程管理

流程经理 Process Manager

负责一个或者多个流程的设计、建设、培训、推行、监控和持续改进的人。流程经理要对流程的有效性负责。 07创新团队管理

流程客户 Process Clients

使用流程的人。设计流程时应该遵循客户导向，为流程客户设计有效、易用的流程。流程客户最好参与流程设计和评审工作。

08创新流程管理

流程目的 Process Purpose

说明为什么要设计流程，流程是给谁用的，流程能够解决什么问题，流程能够给流程客户带来什么好处。 08创新流程管理

流程设计步骤 Process Design Steps

设计和应用一个流程的多个步骤。知行信创新咨询将流程设计分为梳、写、评、用、优5大步骤：①梳即梳理，梳理流程框架、跨职能团队组织模式、流程文件清单、流程文件规范等；②写即撰写，依据流程文件规范撰写各个流程文件；③评即评审，基于事先设定的流程评审准则对各个流程进行评审；④用即试用，将通过评审的流程应用于实际创新项目，通过实际应用完善流程；⑤优即优化，在流程正式发布后的应用过程中持续优化和完善流程，保持流程的适用性和高效性。 08创新流程管理

流程输出 Process Output

某一流程阶段结束时必须提交的交付文件。流程输出文件作为下一

决策评审点的评审资料，必须具备完整性和可信性。08创新流程管理

流程输入 Process Input

为启动某一流程必须提供的文件。通常上一流程阶段的输出是下一流程阶段的输入。08创新流程管理

流程术语 Process Term

流程中常用的、约定的名词。一家企业要对常用的流程术语进行定义，以便公司所有员工采用共同的“流程语言”进行交流，避免不同的人对同一流程术语有不同的认识和理解。08创新流程管理

流程所有者 Process Owner

负责某一流程执行、培训和持续优化的人。08创新流程管理

流程体系 Process System

包括某类流程的整体框架和流程清单。08创新流程管理

流程图 Process Map

流程文件的重要组成部分，形象地描述一个流程的主要活动及活动之间的相互关系。流程图的横向通常是各个职能代表，纵向是流程阶段，中间是流程活动及其逻辑关系描述。08创新流程管理

流程图绘制 Process Mapping

识别和定义各个流程的步骤、参与人、输入、输出以及决策的活动。08创新流程管理

流程文件 Process Document

一个完整的流程涵盖的所有内容，一个完整的流程文件能够系统、完整、科学、有效地指导某一阶段或某项工作的开展。一家

企业应该有统一定义的流程文件模板。一个完整的流程文件的内容通常包括：适用范围、流程目的、流程术语定义、相关流程、流程角色与责权、流程图、流程指南、表单权责对照表及流程特别说明等。 08创新流程管理

流程要素 Process Elements

设计一个新流程需要考虑的要素，知行信创新咨询将流程的每个阶段和评审点分为人、事、法、果4大要素：①人，需要哪些人参加；②事，需要完成哪些工作；③法，需要采用哪些方法来完成这些工作；④果，需要交付哪些工作成果。 08创新流程管理

流程优化 Process Optimization

对现有流程进行修改和完善，以持续保证流程的有效性和易用性。流程优化是一个持续的过程，没有最好的流程，只有更好的流程。 08创新流程管理

流程指南 Process Guide

流程文件中详细描述每一阶段每个活动如何有效开展的指引文件。流程指南通常包括：活动编号、活动名称、主责人、输入、工作程序与注意事项、工时、输出、表单与工具等。流程指南是将企业隐性知识显性化的重要方式。企业逐渐要将师傅带徒弟式的员工培训方法转变为通过流程带徒弟的方法。 08创新流程管理

流程重构 Process Reengineering

对公司现有流程进行重大改进，或者重新构建全新的流程体系。

08创新流程管理

六顶思考帽 Six Thinking Hats

一种有效的水平思考方法，能让思考者更为清晰地聚焦思考问题。在同一时间段，一个小组的所有人都戴上同样的“帽子”，采用同一种方法思考。这样能对一个问题进行全方位的系统分析。六种不同颜色的帽子分别代表的思考方式：白色代表事实、黑色代表判断、红色代表感性、黄色代表好处、绿色代表创新、蓝色代表评价。

03创新前端管理

六西格玛 Six Sigma

流程绩效的一种评价标准，每一百万检查项中仅有3.4个缺陷。六西格玛的基本方法是DMAIC：定义（Define）、评估（Measure）、分析（Analyse）、改进（Improve）和控制（Control）。

04产品开发管理

路线图 Roadmapping

预测未来市场和（或）技术的变化，据此规划未来的产品以匹配市场和技术的变化。在公司产品线规划中通常要绘制产品路线图和技术路线图。

02创新战略管理

螺旋式开发 Spiral Development

在产品设计开发过程中进行多次“开发—测试—反馈—修改”的循环，以快速响应需求变化和不确定性工作的出现。由于其循环流程图看起来像个螺旋，因而叫作螺旋式开发。

04产品开发管理

绿色创新 Green Innovation

绿色创新是一种可持续的创新，企业在创新时要尽可能节省能源、防止污染、回收废物。

04产品开发管理

绿色工艺创新 Green Process Innovation

产品生产流程要在保证效率和效益的同时尽可能环保。绿色流程创新的主要方面：①减少有害物质的产生；②回收或者再利用废物；③减少水、电、煤或者油的消耗；④减少原材料的使用。

M

买入 Spin-In

创新并购一些小型企业的方式，例如，思科通过持续并购一些技术型的小公司获取企业持续创新所需的技术和人才。 02创新战略管理

卖出 Spin-Out

将公司的部分业务拆分成独立的业务单元，以便更好地创新。

02创新战略管理

卖出知识产权 License-Out

将企业现有的知识产权出售给其他企业。 06创新技术管理

满意度调查 Satisfaction Surveys

一种市场研究方法，要求受访者对某一产品和（或）产品的一系列功能的优劣进行评价。通常要求受访者对比几个同类竞争产品，分别评价各项功能的相对满意程度。通过满意度调查，可以为开发下一代改进产品提供输入。 03创新前端管理

盲点 Blind Spot

企业没有注意到的可能会对企业的经营业绩产生重大不利影响的方面，如市场机会、技术趋势或者竞争对手的行动等。 02创新战略管理

门径管理体系 Stage-Gate System

由加拿大McMaster大学Robert G. Cooper教授最先提出的，Cooper教授也因此被尊称为“门径管理之父”。门径管理方法把产品创新流程划分成一系列预先设定的阶段，每一个阶段由一组

预先规定的、跨职能的、同时进行的活动组成。通向每一个阶段（Stage）的是一个入口（Gate）。这些入口控制着流程，并且起到质量控制和生/杀决策检查点的作用。“门径管理流程”因此得名。

08创新流程管理

门特卡罗仿真 Monte Carlo Simulation

这是评估项目满足时间和成本目标的概率的一种计算机仿真方法。

09创新项目管理

灭灯投票 Stop-Light Voting

也称为偏好投票，一种收敛性的思考方法，参与者采取带有颜色的贴纸投票选择他们喜欢的创意。

03创新前端管理

敏感性分析 Sensitivity Analysis

对投入变化将如何影响产出变化进行评估，通常在项目立项分析阶段对定价和利润率进行分析。例如，定价敏感性分析用于测试客户对价格变化引起的购买数量或购买意愿的变化。

03创新前端管理

敏捷产品开发 Agile Product Development

同敏捷开发。

04产品开发管理

敏捷开发 Agile Development

是一种新产品开发组织模式，也称为迭代开发，主要用于软件产品开发。产品开发任务通过自组织团队协同完成。在敏捷开发过程中，开发团队边写代码，边测试代码；边征求客户意见，边修改需求。敏捷开发能大大提升缩短软件产品开发周期，大大提高项目的成功率。敏捷开发要求给予团队成员自主权，并且组建多样化的团队。敏捷开发的主要特点：团队成员之间的及时交流比流程和工具更重要、聚焦产品比聚焦需求文件更重要、客户协同

比正式的合同更重要、对变化的快速反应比遵守计划更重要。参见精益产品开发。 04产品开发管理

明星产品 Star Products

在成长性很好的市场里占据很大市场份额的产品。 02创新战略管理

谬误 Fallacies

由于未提前发现问题而造成的重大失误。 09创新项目管理

模板 Template

结构化的预先设计好的表单，便于使用者按照统一的方式正确地、高效地完成某项工作。 08创新流程管理

模仿战略 Imitator Strategy

跟随领先者，修改产品以改进领先者产品的不足。 02创新战略管理

模仿者 Imitator

同模仿战略。 02创新战略管理

模糊前端 Fuzzy Front End

新产品开发的起始阶段，这时产品概念“模糊”，包括创意产生、概念开发和立项分析3个阶段。模糊前端的活动通常是无序的、难以预测的、非结构化的，流程允许反复。与之相对应，产品开发阶段的流程是结构化的、可以预期的、正式的，流程不允许反复。模糊前端的工作做得越扎实，产品开发阶段的返工就会越少，开发周期就越有保障。参见**创新前端管理**。 03创新前端管理

模糊入口 Fuzzy Gates

创新前端的创意产生阶段和概念开发阶段的决策评审点，主要评审创意的新颖程度。 08创新流程管理

模块 Modular

能够独立完成一项或者多项功能的产品部件。模块之间通过标准接口连接。一个模块的改变不会影响另外一个模块的功能。例如，鼠标与键盘是两个独立的模块，分别实现不同的功能，两个模块均通过标准的USB接口与电脑主机联系，更换鼠标不会影响键盘的使用。 **06创新技术管理**

模块变形 Modular Variants

将标准模块做比较小的改变，以满足某个产品或者某个客户的个性化需求。 **06创新技术管理**

模块化 Modularity

将复杂的产品拆分成多个简单的部分，然后再组装成一个复杂的产品的方法。模块之间通过标准接口连接，各个模块能够单独管理，一个模块的变化不会影响其他模块。 **06创新技术管理**

模块化产品设计 Modular Product Design

将产品设计为由多个高度独立的模块组成。模块化设计通过少量模块的变化可以装配成多个差异化的变形产品，能提高产品标准化率，在同类新产品中重用多个现有的模块。模块化设计有利于实现大规模定制、降低产品成本、缩短产品开发和上市周期、快速响应客户的个性化需求。模块化是模块化产品设计的基础。计算机、汽车等行业是采用模块化设计的典型。 **06创新技术管理**

模块化架构 Modular Architecture

一种产品设计模式，与集成架构模式相反。模块化架构中每个功能要素都有相应的物理模块与之相对应，不同的模块实现不同的功能，不同的模块之间通过通用接口联系。一个模块内部的变化

不会影响另外模块功能的实现。 06创新技术管理

模块化设计 Modular Design

将系列产品开发中多次使用的技术、零部件进行“封装”，形成标准化的模块，这些模块可以在多个新产品的开发中共用。模块是可组合成系统的、具有某种特定功能和接口结构的、典型的通用独立单元。模块化设计不但大大减少重复劳动的时间，加快新产品开发速度，而且提高新产品的稳定性和可靠性。此外，模块化设计将技术人员从重复劳动中解放出来，使其集中精力采取创新性方法去满足客户的个性化需求。 06创新技术管理

模块库 Modular Warehouse

产品模块集中存放的地方。企业可以采用PDM工具进行模块库管理。在进行产品设计时，产品设计团队可以从模块库中调用标准模块，大大缩短新产品设计开发周期或者个性化定制项目的交付周期。 06创新技术管理

模拟测试市场 Simulated Test Market

一种投入不大但是非常有用的预测销售收入和市场份额的方法，在新的消费类产品使用测试中比较常用。例如，消费类产品制造商可以搭建一个模拟的购物场所，在该场所的货架上摆放将要上市的新产品及其他同类产品。模拟商场会通过电视机等播放该产品的广告，相应的促销手段会同时采用。公司给潜在消费者一定额度的消费券，让他们选择“购买”该商场的一些商品。如果消费者购买了该公司的测试产品，公司的市场人员会在几周后拜访消费者，了解产品的使用情况。 04产品开发管理

模拟入口会议 Pilot Gate Meeting

举行尝试性的、非正式的决策评审会议。一般是在新产品开发流程发布前举行，用以测试决策评审流程的有效性，让产品决策团队成员熟悉流程。 08创新流程管理

目标 Objective

预设的想要取得的结果。 09创新项目管理

目标成本 Target Cost

基于客户承受能力确定的产品成本。目标成本=战略定价-目标利润。目标成本是必须要保证的，否则会影响客户的购买决策或者公司的利润率。 02创新战略管理

目标客户定位 Target Customer Positioning

企业通过市场调研，根据客户对产品的不同需求、不同的购买行为与购买习惯，把某一产品的整体市场分割成有不同的价值需求的若干个客户群的分类过程。其中任何一个客户群都是一个有相似需求的客户群体。而不同的客户群的客户对同一产品的需求则有明显的差异性，例如，他们可能在消费行为方式、消费态度、人口统计特征、心理特征等方面有所不同。企业需要根据不同客户群的不同需求，进一步定位客户对企业产品的价值需要，进而为不同的客户群体开发和提供差异化的产品。 02创新战略管理

目标市场 Target Market

选定进行营销的消费者或者潜在客户群体。该细分市场的客户最有可能购买某一类别的产品。 02创新战略管理

N

内部创业者 Intrapreneur

大公司的一种创新激励机制。内部创业者从大公司内部孵化出创新项目或者新的公司。僵化的组织模式和内部政治是内部创业的两大阻碍。产品经理制度是内部创业的一种形态。 02创新战略管理

内部收益率 Internal Rate of Return，IRR

一项投资的未来现金流的现值除以投资成本的百分比。 07创新团队管理

能力成熟度模型 Capability Maturity Model，CMM

用于评价软件开发流程的成熟度。美国卡耐基梅隆大学软件工程研究院将软件能力成熟度分为5级：入门级（Initial）、可重复级（Repeatable）、可定义级（Defined)、可管理级（Managed）、可优化级（Optimising)，并且推出了各级的认定标准。但此标准不适用于解决测试问题，因而伊利洛伊州理工大学在1996年推出了测试能力成熟度模型（Testing Capability Maturity Model）作为软件能力成熟度模型的补充。参见**创新能力成熟度模型**（ICMM）。 01基本创新术语

能力规划 Capacity Planning

为了保证多个项目按照既定的时间进度向前推进，前瞻性地监控组织人力资源的数量和能力匹配度，避免由于部分人力资源的数量和能力匹配度不足导致一个或者多个项目延期。能力规划通常由公司项目管理办公室负责，要规划一定时间段内所有创新项目所需人力资源的数量、专业能力匹配度以及每个专业人员的可用

时间。 09创新项目管理

逆向工程 Reverse Engineering

拆解竞争对手的产品，了解竞争对手产品的结构和运作原理，以便在竞争对手产品基础上开发出更符合客户需求或者成本更低的新产品。很多起步阶段的企业都采取逆向工程方法缩短新产品的摸索周期，但是要解决好知识产权问题。 04产品开发管理

P

帕累托图 Pareto Chart

识别最大改进机会的一种图示方法。通过帕累托图从很多有用的方法中寻找少数非常有价值的方法。 03创新前端管理

泡泡图 Bubble Diagram

用于直观呈现项目组合的一种方式。每个泡泡代表一个项目，泡泡所在位置表示开发的优先程度，泡泡大小表示所需创新资源的多少。 02创新战略管理

品牌 Brand

区别于其他公司同类产品或服务的名称、设计、形象或其他特征。品牌的法律呈现方式是商标。一个品牌可以代表一类产品、多个产品系列，或者一家企业的所有产品。品牌是公司与客户交流的战略性“平台”。 02创新战略管理

品牌开发指数 Brand Development Index，BDI

在某一区域一个品牌产品销售数量的相对优势的评价方法。某一品牌的品牌开发指数等于一个时间段内该品牌产品在该区域的销售数量除以该区域所有品牌同类产品的销售数量。 02创新战略管理

品牌社区 Brand Community

由某一品牌的粉丝组成的团体。品牌社区可以包括线下社区和线上社区。企业可以通过品牌社区征求新产品创意或者征求对现有产品的改进意见。例如，耐克公司鼓励其粉丝设计他们喜欢的篮球鞋并且描述新鞋子的特性。 02创新战略管理

品牌中心型产品开发 Brand-Centred Product Development

品牌中心型产品开发指要将品牌体验集成到产品开发流程之中。在进行产品开发时，要考虑消费者对品牌的感知，要让消费者在使用产品时感知到品牌的价值。苹果公司很好地贯彻了品牌中心型产品开发。

04产品开发管理

平衡计分卡 Balanced Scorecard，BSC

一种综合的绩效度量方法，在以下4个绩效方面取得平衡：财务、客户、业务流程和学习与成长。财务指标表示公司取得的绩效结果。财务目标的实现源于客户满意度、内部流程的有效性及组织的学习和改进能力，这3个方面将驱动公司未来财务目标的实现。

02创新战略管理

平衡矩阵团队 Balanced Weight Team

在平衡矩阵组织模式中，产品审批委员会（或授权机构、个人）任命项目经理负责该项目，项目经理对项目拥有主要的职责和权力，职能代表主要由项目经理管理。职能经理作为“资源提供者”，负责安排职能代表参与项目，并为职能代表提供相关职能的专业技术指导及资源支持。平衡矩阵组织模式适用于规模适中、比较重要但不太复杂的项目，例如，升级版本新产品开发项目。平衡矩阵组织模式的好处是项目经理既可以对职能代表行使主要的管理权力，同时也能得到职能部门的支持。平衡矩阵组织模式也可能由于项目经理对职能代表没有完全的管理权力而增加沟通协调等管理成本。

07创新团队管理

平衡组合 Balanced Portfolio

见组合管理。 02创新战略管理

平台 Platform

共用的技术、架构和模块等，包括技术平台和产品平台。

06创新技术管理

平台产品 Platform Product

一个产品族中多个产品可以共用的设计和部件。基于该平台产品，可以快速开发出一系列类似的终端产品。平台产品可以理解为接近最终产品的“半成品”是构建平台产品的基础。 06创新技术管理

平台开发流程 Platform Development Process

用于开发产品平台的流程。平台开发不同于技术开发和新产品开发，企业需要定义针对性的流程用于平台开发。 08创新流程管理

平台领导力 Platform Leadership

一个公司是否具有搭建一个产业平台并从中长期获取收益的能力。例如，谷歌是一个成功的平台搭建者和平台领导者，其利用专有的搜索引擎解决了在线搜索问题。谷歌鼓励网站开发者和用户开发新的应用放入其搜索引擎。谷歌利用其强大的搜索引擎平台重构了广告投放者与互联网用户之间的关系，广告投放者按照互联网用户的“点击量”给谷歌公司付费。 02创新战略管理

平台路线图 Platform Roadmap

产品平台在未来3~5年的演进规划，呈现各代产品之间的架构与功能关系。一般2~3年会对产品平台进行一次比较大的升级。

02创新战略管理

平台项目 Platform Projects

开发多个子系统和标准接口形成一个共用架构，通过该架构能够高效开发和生产出一系列衍生产品。 06创新技术管理

平台战略 Platform Strategy

基于平台进行系列化产品开发，降低系列产品成本，缩短系列产品开发和上市周期。 02创新战略管理

评价指标 Metrics

评价公司创新绩效和创新管理有效性的指标。通过周期性的评价，发现问题和差距，实现持续改进。创新型企业的创新绩效评价指标举例：新产品收入（利润）占整个公司收入（利润）的比例、每年取得商业化成功的新产品的数量、新产品开发周期等。不同企业可以根据企业实际情况设计创新绩效评价指标。

07创新团队管理

评审准则 Criteria

产品审批委员会在每个决策评审点对新产品项目进行决策评审的共同依据。基于事先设定的评审准则，产品审批委员会能够更加高效地、正确地做出评审结论。不同评审点的评审准则有所不同。参见**必须满足的准则**和**应该满足的准则**。 08创新流程管理

瓶颈理论 Theory of Constraints，TOC

TOC方法2004年由以色列物理学家高德拉开发，指企业要识别和理解产品开发和交付流程中的关键瓶颈，通过瓶颈突破大幅改善企业绩效。如果不系统考虑整个流程，只是不停地找瓶颈、集中资源解决瓶颈问题，可能会导致此瓶颈得以解决而另外的瓶颈又出现，不能从根本上解决管理问题。 01基本创新术语

破坏性创新 Disruptive Innovation

破坏性技术带来的创新。破坏性技术往往会颠覆一个甚至多个行业。例如，腾讯公司的微信就是一个由即时通讯破坏性技术带来的破坏性创新，很可能颠覆各大电信运营商的语音、短信和国际漫游业务。

02创新战略管理

破坏性技术 Disruptive Technology

破坏性技术是一种能颠覆一个行业的技术。这些技术刚开始出现时，往往难以引起一些厂商的注意。很多厂商还在固守原先的技术开发新产品。但是，当破坏性技术开始发力时，往往会给一些企业以致命的打击。例如，数码相机现在已经基本取代了胶片相机。当数码相机开始出现时，柯达公司对数码技术可能带给公司的“破坏性打击”认识不足，在从胶卷向数码转型的过程中行动缓慢，导致业绩巨幅下滑和亏损。

06创新技术管理

破坏战略 Disruptive Strategy

导入破坏性技术，与现有产品相比在某些方面牺牲一些产品性能，如纯电动汽车。

02创新战略管理

朴素创新 Simple Innovation

面向发展中国家处于金字塔底层消费者开发满足需求的、足够好的、价格低廉的产品和服务。朴素创新源于印度。朴素创新产品与现有产品相比仅提供有限的功能，其产品结构和功能更简单，所用材料也更便宜。

01基本创新术语

瀑布流程 Waterfall Process

一种串行设计流程，用于软件开发，流程任务像瀑布一样从上往下通过各个阶段，包括概念开发、启动、分析、设计、构建、测试、生产/实施和维护。瀑布流程适合开发过程中变更比较少，确定性很强的项目。

08创新流程管理

Q

期望净现值 Expected Net Present Value

采用期权定价理论计算出的净现值。 09创新项目管理

期望商业价值 Expected Commercial Value，ECV

评价项目商业价值的一种方法，通过考虑商业化成功的概率、技术成功的概率、开发成本、商业化成本计算项目未来收入的现值。项目期望商业价值可以作为项目组合管理决策的依据，也可以作为项目是否进入下一阶段的决策评审依据。 09创新项目管理

企业 Business

管理大师德鲁克认为，企业存在的首要目的是创造客户（通过满足客户需求），第二个目的是创新。企业不是从内部视角定义的，企业是由购买其产品或服务的客户定义的。企业要自问的问题：客户为何要购买你的产品？通过创新创造客户是每个企业的使命和目标。衡量企业价值的除了投资回报等财务目标外，还应该有社会和环保等目标。 01基本创新术语

企业创新战略决策 Corporate Innovation Strategic Decision

指企业进入哪些业务领域并分别投资多少创新资源的分析和决策。 02创新战略管理

企业创新组织模式 Corporate Innovation Organization Structure

在企业层面设计适合持续成功创新的组织模式。知行信创新咨询提出设计“三强化一优化”的创新组织模式。“三强化”指强化产品管理、项目管理和流程管理，“一优化”指优化研发中心内

部管理。 07创新团队管理

企业风险投资 Corporate Venturing

已经设立的公司投资或者创建新的企业。企业风险投资通常有3种方式：①内部风险投资：在母公司下创立新的公司；②外部风险投资，投资正在建议中的和（或）正在成长中的公司；③合资，与其他公司合资创建新的外部公司。思科公司通过投资或者并购外部的快速成长的技术型公司获得自身所需的技术能力，实现持续快速成长。 02创新战略管理

企业家 Entrepreneur

发起、组织和运营一个新的企业的人，负责承担风险，获取潜在回报的人。 01基本创新术语

企业家精神 Entrepreneurship

冒险精神和创新精神。冒险精神是指敢于尝试新的事物，创新精神是指能将创意变成商业化的成功。 01基本创新术语

企业社交网络 Corporate Social Networks

存在组织内的非正式人际网络。创新型企业要在企业内建立跨部门的社会网络来激发创意，提升创新的有效性和效率。企业社会网络可以通过采用微信、建立企业员工各种交流群等方式搭建。 01基本创新术语

企业战略 Corporate Strategy

企业为实现未来收入、利润、市场地位等战略目标而制定的实施方案与计划。企业战略内容包括战略目标设定、外部环境分析、内部实力分析、产品线组合决策与创新资源分配、战略实施计

划、战略绩效评价方法等。公司各产品线战略规划是公司战略的核心组成部分，公司战略目标的实现最终取决于各条产品线目标的实现。 02创新战略管理

强矩阵团队 Heavyweight Team

由各职能部门代表组成跨职能新产品开发核心团队，核心团队成员主要接受项目经理的领导，核心团队成员能优先保证本项目的时间。在核心团队的基础上根据需要往往会组建必要的扩展团队，扩展团队成员由相应的核心团队成员领导。强矩阵团队组织模式适合开发周期长、开发任务复杂、开发项目对于公司有战略重要性的重大改进或者全新产品开发项目。 07创新团队管理

翘楚企业 Visionary Companies

在行业排名数一数二的创新型企业，这些企业在市场份额、盈利能力、成长性和股东回报等关键绩效指标方面都是行业翘楚。这些企业销售收入的30%以上来自最近3年上市的新产品。很多企业将这些公司作为学习的标杆。 02创新战略管理

情境 Scenarios

描述人们在特定环境下的活动，如比较产品、购买产品和使用产品等活动。情境描述有助于企业洞察客户使用产品的不同方式，有助于改进产品或增加新功能的机会。 03创新前端管理

情境板 Scenario Boards

情境板是一种定义用户需求与产品创新机会的灵活的概念开发工具，所需时间和资源投入非常节省。情境板的重点在于流程而不是产品外形或功能。情境板描绘产品或服务如何融入客户的工作流程和环境。情境板有助于企业选择新的技术路线，有助于企业

在多种可能的解决方案中选择合适的概念。 03创新前端管理

情境分析 Scenario Analysis

采用可视化的方式呈现未来可能的情境，制定相应战略以抓住未来的机会，迎接未来的挑战。情境分析可以从3个层面进行：全球情境分析、国内情境分析及项目情境分析。 03创新前端管理

情境设计 Empathic Design

洞察客户需求、激发新产品创意的一种现场调研方法。调查者到客户现场，先观察客户完成某项事情的做法，然后询问客户为什么做这些事，做这些事时遇到了哪些问题，哪些是有效的做法。通过客户现场的观察和交流，调查者能够理解客户的日常工作情境，能够洞察客户在完成日常工作中所遇到的问题。参见**人类学研究**。 03创新前端管理

情境实验室 Living Labs

企业模拟用户实际产品应用环境搭建互动交流场所，让用户在该场所体验产品和服务，提出产品和服务的改进建议和意见。

03创新前端管理

情境调查 Contextual Inquiry

一种洞察客户需求的结构化的定性市场研究方法。在实际使用产品的环境观察用户使用产品，并且与用户交谈。 03创新前端管理

区域创新体系 Regional Innovation System

由多家支持或服务机构组成的对某一区域的持续创新有促进作用的机构的集合。区域创新体系的构成主要包括企业、政府、创新服务机构及相关的非营利性机构。其中创新服务机构包括研发与

创新咨询、培训服务机构，知识产权服务机构、测试与检测服务机构、创业孵化机构及投资机构等。 01基本创新术语

渠道库存 Pipeline Inventory

生产的新产品没有销售给终端消费者，而是存放在分销环节。

05产品交付管理

全面创新管理 Total Innovation Management

是一种创新理念、一种创新文化，强调企业每个人在企业管理的每个方面都持续创新。许庆瑞院士提出“人人创新、事事创新、时时创新、处处创新”的全面创新管理体系。 01基本创新术语

全面质量管理 Total Quality Management，TQM

一种公司改进理念，公司所有部门、所有人员都参与持续改进活动。 01基本创新术语

全球产品开发 Global Product Development

产品开发项目在不同的国家和不同的时区并行开发，以大幅缩短新产品开发和上市周期。参见**分布式新产品开发**。 04产品开发管理

全球产品上市 Global Product Launch

一款新产品同时在全球多个国家同步上市。在多个国家上市一款新产品，要考虑各个国家客户的需求、文化、法规、语言及收入水平等差异，适当对产品进行差异化设计。 04产品开发管理

全新产品 New-to-the-World Products

以前从没出现过的产品，是同类产品中首先上市的。苹果公司的智能手机就是全新产品。 01基本创新术语

群体活力 Group Dynamics

由于群体的互动而产生的社会影响。 01基本创新术语

群组软件 Groupware

简称组件，是设计用于实现成组功能的软件，如沟通组件、工作流协同组件及协同解决问题组件等。 04产品开发管理

R

人口统计 Demographic

目标客户调研的基础信息。人口信息的统计描述，包括性别、年龄、教育程度、婚姻状况及各种行为或心理特征。 03创新前端管理

人类学研究 Ethnography

一种定性的市场研究方法，用于研究客户的生活或工作环境。研究者在客户现场待一段时间以观察客户及其环境，以获得对于客户生活方式或文化的深度了解，以便更好地理解他们的需求和问题。参见**客户现场访谈**。 03创新前端管理

认证 Certification

对一个人掌握某个知识体系的认可方式，如PMP项目管理认证，NPDP产品经理认证。 07创新团队管理

认知建模 Cognitive Modeling

基于心理学原理的一种数学建模方法，用于了解一个人如何解决问题和完成任务。该建模流程列出一个人解决某一问题或者完成一项任务的步骤，让受试者预计任务完成的时间或者可能会犯的错误类型。认知建模通常用于改进用户交互方式、减少交互错误、缩短用户完成任务所需时间。 03创新前端管理

认知图 Perceptual Mapping

一种定量的市场研究工具，用于理解客户是如何看待当前和未来产品的。认知图是一种产品在消费者心目中地位的形象表达。

03创新前端管理

认知演练 Cognitive Walkthrough

在认知建模完成后，一个专业人士对用户要体验的内容进行“角色扮演”。通过认知演练，让人和产品之间的交互变得更为直观，并提升产品的可用性。 03创新前端管理

任务 Task

将项目中要做的事情分解成较小单元，一项任务通常有明确的目标和完成期限要求。一项任务可能由一个人完成，也可能需要由多人完成。一项任务通常由多项活动组成。 09创新项目管理

任务书 Charter

明确项目背景、具体任务与计划的项目团队文件。项目任务书包括初步的项目立项分析，问题与目标陈述，条件与假设及初步的计划与项目范围。高层管理者要对项目任务书进行阶段性评审，确保该项目与企业战略一致。同**产品创新任务书**。 03创新前端管理

柔性入口 Flexible Gate

不是非常严格地对项目进行生/杀决策的项目评审点，虽然上一阶段的一些工作未完成，但公司产品审批委员会批准项目进入下一阶段，允许上一阶段未完成的工作在下一阶段完成。采取柔性入口决策必须保证风险可控，此做法可缩短产品上市周期。 08创新流程管理

入口 Gate

公司产品审批委员会对新产品项目做出生/杀决策的评审点。入口决策的结论通常包括：①通过，进入下一阶段；②枪毙，中止项目；③重做，返回上一阶段；④搁置，待有资源时再做决策。

08创新流程管理

入口把关者 Gatekeepers

新产品开发流程中各个决策评审点的组成成员。入口把关者团队是一个跨职能团队，通常由公司领导及各职能部门负责人组成。入口把关者审核项目上一阶段交付成果，采用统一的决策评审准则对项目进行严格的生/杀决策，为通过决策的项目分配下一阶段资源。入口把关者团队也常称为产品审批委员会、组合管理团队。

08创新流程管理

入口会议 Gate Meeting

项目在每个流程阶段结束时举行的决策评审会议，该会议决定项目能否进入下一阶段。

08创新流程管理

入口条件 Entrance Requirement

进入下个新产品开发阶段前必须提交的项目文件与评审文件。

08创新流程管理

弱矩阵团队 Lightweight Team

由各职能部门代表组成跨职能新产品开发团队，但团队成员主要接受职能部门负责人的领导，团队成员可能同时参加多个项目，项目经理对团队成员的管控力度较弱。弱矩阵团队组织模式适合开发周期不长、开发任务不太复杂、重要度不太高的改进型新产品开发项目。参见**强矩阵团队**。

07创新团队管理

S

三维底线 Triple Bottom Line

基于3个维度报告企业业绩：财务、社会与环保。 01基本创新术语

三维约束 Triple Constraint

任何项目的最重要限制的结合：范围、周期与成本。 09创新项目管理

筛选 Screening

评价和选择新产品创意或概念。多数公司采用带有评审准则的规范的流程进行创意或概念筛选。创意或概念筛选准则包括客户、战略、盈利能力和可行性等维度。 03创新前端管理

商品销售成本 Cost of Goods Sold，CGS

产品生产和交付的直接成本，包括人工成本和原材料成本。

04产品开发管理

商业分析 Business Analysis

对提出的项目进行商业前景分析，通常包括对折现现金流、净现值、内部收益率等财务数据的预测。 03创新前端管理

商业化 Commercialization

产品由开发走向市场的流程。商业化是产品上市管理阶段，主要内容包括：批量生产条件准备与批量生产、营销材料与计划制定、供应链开发、销售渠道开发、培训资料开发、培训、服务与技术支持开发。 04产品开发管理

商业计划书 Business Plan

描述设立一家新公司或者开展一个新项目的文件。商业计划书要描述项目背景、做该项目的原因、目标客户对象、将要满足的需求及将要开发的产品、拟采用的主要技术、拟采用的商业模式、所需项目资源、预期投资回报、项目风险及应对措施等。创业公司的商业计划书主要呈现给投资人，以获取所需投资。公司内部的商业计划书提交给公司领导，决策是否启动该项目。撰写商业计划书需要回答的核心问题：①为什么要做该项目？是市场规模大还是市场增长速度快？②要为消费者提供什么产品和服务？他们为何需要这些产品和服务？③如何才能实现公司的战略目标？④公司具备开展该项目所需的人员、技能和资源吗？

03创新前端管理

商业模式 Business Model

商业模式描述公司获取收入的逻辑和原则。公司围绕商业模式建立和提升各种能力。商业模式由相互关联的4个要素组成：客户价值定位、利润构成、关键资源和关键流程。

02创新战略管理

商业模式创新 Business Model Innovation

将现有商业模式应用于新的情境或者将全新的商业模式应用于突破性的产品，都是商业模式创新。突破性的、改变游戏规则的产品通常需要新的商业模式。例如，一些公司通过线上线下相结合的方式销售产品就是一种商业模式创新。苹果公司让用户通过iPod音乐播放器下载音乐就是一种突破性的商业模式创新，其有效地将硬件、软件和服务集成在一起。

02创新战略管理

商业模式定位 Business Model Positioning

确定如何设计、创造和交付客户价值，确保在持续提升客户价值的

同时不断降低产品成本。简单地说，商业模式定位就是确定企业如何以最低的成本实现客户价值最大化的过程。 02创新战略管理

商业智能 Business Intelligence，BI

1958年，IBM公司专家将商业智能定义为：企业以某种方式理解已经存在的事实之间的相互关系的一种能力，这种能力有助于指导行动并实现预期的目标。商业智能解释数据，将信息转化为洞察力。商业智能收集的信息包括：竞争对手、供应商、客户、技术、并购、市场、产品与服务及整体企业环境。通过对这些信息的收集、整理和分析，可以为公司高层领导的决策提供重要参考依据。有效的商业智能工作能够帮助公司提高客户满意度、增加销售收入、提升投资回报率、促进公司可持续发展。谷歌等互联网公司持续收集客户体验、产品、渠道、合作伙伴、目标市场及竞争对手的信息。 02创新战略管理

上市 Launch

新产品导入市场进行初期销售的阶段。产品上市的费用可能远远高于前期开发费用，在做出产品上市决策时要慎重思考4大问题：上市什么、在哪上市、何时上市、如何上市。产品上市可以分为预上市和规模上市两个子阶段。 04产品开发管理

上市管理阶段 Launch Management Stage

产品开发管理的第三个阶段，也是最后一个阶段。产品上市管理阶段是从上市启动到实现盈亏平衡的时间段。上市阶段又分为预上市和规模上市两个子阶段。 08创新流程管理

上市后 Post-Launch

新产品正式批量上市后的阶段。 08创新流程管理

上市后评审 Post-Launch Review, PLR

新产品上市后评审可能会进行1~2次。第一次上市后评审一般在新产品上市后1~3个月内进行，主要目的是评估营销战略的有效性和上市计划执行的质量，判断项目实现预期的上市目标的可能性。第二次上市后评审一般在新产品上市后6~12个月内进行，最好是在项目实现盈亏平衡时进行。因为这时才能比较有效地检验新产品上市的成败。

08创新流程管理

上市计划 Launch Plan

新产品批量导入目标市场的计划和准备工作。上市计划涵盖的主要内容有：识别目标市场、制定营销组合计划、预测投入回报、监控上市过程。上市计划需要在产品开发和测试过程中并行考虑。

04产品开发管理

上市决策 Launch Decision

新产品批量上市前的决策评审，决定产品是否进入批量上市阶段。上市决策是极其重要的业务决策评审点，通过该评审点意味着公司要为新产品的批量上市承诺巨大的资源投入。

08创新流程管理

上市速度 Speed to Market

从早期创意产生到新产品上市销售的时间长度。

04产品开发管理

上市周期 Time to Market, TTM

新产品从创意提出到实现市场销售的时间周期。不同企业的起点和终点定义可能有所不同。同一家公司不同项目的起点和终点定义也可能不同。缩短新产品上市周期的关键有：①在每个阶段进行决策评审并承诺项目资源；②组建跨职能项目团队；③建立结构化的有效的新产品开发流程。缩短上市周期能带来的主要好处有：①尽早获得收入，改善公司现金流，缩短盈利周期；②在整个产品生命周期内增加市场份额，提高销售量；③比后上市的竞争对手利润率更高。 08创新流程管理

设计 Design

在新产品开发中，狭义的设计是将定义好的客户需求开发成功能样机的过程，广义的设计是从创意到新产品批量上市的全过程。产品设计不仅要考虑客户需求的实现，还要考虑可测试性、可制造性和可服务性等。 04产品开发管理

设计—建模—测试循环 Design-Build-Test Cycle

这是新产品开发过程中反复解决问题的一个多次循环。在设计阶段，开发团队将客户需求转化为具体的产品设计参数。在建模阶段，开发团队依据产品设计参数制作出接近实物产品的产品模型或者原型。在测试阶段，开发团队对模型进行测试，评估模型能否满足产品设计参数。 04产品开发管理

设计矫正 Design Validation

通过产品测试发现产品设计中存在的主要问题，通过矫正确保产品或服务符合前期所定义的用户需求。产品测试可通过产品工作原型测试或者样机的计算机仿真等方式进行。 04产品开发管理

设计六西格玛 Design for Six Sigma，DFSS

将六西格玛方法用于产品设计和交付，指制造的产品和交付的服务的缺陷率低于六个西格玛。 04产品开发管理

设计驱动创新 Design-Driven Innovation

与用户中心型创新相对应的产品创新方法，强调采用技术驱动的突

破性创新实现开发突破性的新市场的机会。 04产品开发管理

设计失效模式与影响分析 Design for FMEA，DFMEA

设计失效模式与影响分析重点放在设计流程中的部件方面，用于分析部件的功能并确定潜在的失效模式。DFMEA能用于整个产品，能从技术和商业角度发现和解决影响新产品成败的潜在的缺陷或风险。该方法重在分析，通过以下分析确定失效的严重程度：①严重度（Severity），如果失效发生，问题会有多大（财产损失、客户或工人受伤、人员死亡）；②发生概率（Occurrence），该失效模式发生的概率有多大（发生的可能性）；③探测度（Detection），发现问题的概率有多大（如果发生，探测原因或失效模式的能力）。 04产品开发管理

设计思维 Design Thinking

强调设计者系统考虑用户如何与产品交互、如何与其他相关人员交互、如何与周边环境交互。 04产品开发管理

社会创新 Social Innovation

在社会系统内将关于人与人之间关系的新创意进行商业化。社会创新主要是通过商业模式创新和营销创新取得可持续的经济、环保和社会成就。 01基本创新术语

社会创业 Social Entrepreneurship

社会创业不同于商业企业创业，社会创业的目标是寻求创新性的、可持续的、能够给社会大众带来社会利益的创业项目。社会创业者寻求解决社会问题（如饥饿和贫穷）的机会，通过取得的社会价值成就来评估创业绩效。 01基本创新术语

社交媒体 Social Media

个人、企业与其他组织可以交流信息、创意、图片/视频等的网络媒体，如微信、抖音等。 01基本创新术语

审计 Audit

审计一词用于新产品开发，是对新产品开发与上市流程有效性的评价。 08创新流程管理

生产率指数 Productivity Index，PI

生产率指数用于评价项目并用于对多个项目进行排序。生产率指数（PI）=项目预期净现值/完成项目所需人天，或者生产率指数（PI）=项目预期净现值/完成项目所需成本。 08创新流程管理

生命周期成本 Life-Cycle Cost

客户在产品使用全周期内发生的成本。生命周期成本包括：产品购买成本、培训费用、使用费用、维修费用、保险费用、丢弃处理费用、维修等待期的利润损失等。产品生命周期成本如果过高，很可能会影响客户的购买决策。例如，如果某款汽车的油耗过高、保养费用过高、维修费用过高都会影响客户是否购买该款产品。作为产品设计者，不但要考虑客户一次性购买产品的成本，也要考虑客户在产品使用过程中发生的费用。 05产品交付管理

生命周期评估 Life Cycle Assessment

分析产品环境影响（包括二氧化碳排放、水资源使用等）的一种科学方法。 03创新前端管理

生态创新 Eco-Innovation

生态创新又称环保创新，创新要有利于保护环境，在新产品创造

客户价值和企业价值的同时，要尽可能减少对环境的危害，要有利于提升生活品质，有利于社会的可持续发展。 01基本创新术语

生态设计 Eco-Design

在新产品设计过程中考虑产品对环境的影响。目标是在不牺牲产品的成本和功能的前提下尽可能地减少对环境的不利影响。需要多方面进行生态设计：产品升级、现有产品维修、产品生命周期的扩展、产品或零部件的重用、原材料回收等。 04产品开发管理

失败率 Failure Rate

已规模上市但未实现预定财务目标的新产品比例。 04产品开发管理

失效模式与影响分析 Failure Mode and Effects Analysis, FMEA

一种用于确定产品和流程设计的可靠性及安全性并了解潜在风险的分析工具。失效模式与影响分析是一种定量的方法，用来识别产品或流程可能失效的原因，确定潜在的问题或失效的严重程度和发生概率，并制定预防失效的措施。 04产品开发管理

实践社区 Communities of Practice, CoP

将有共同特点（如有相似的兴趣、经验、角色和目标）的一群人组织在一起就某一实践主题进行分享和交流，以激发创意或者解决问题。实践社区人员交流的方式可以线下、线上或者两种方法相结合。 03创新前端管理

实施团队 Implementation Team

将新产品概念变为现实的团队。 07创新团队管理

实物期权分析 Real Options Analysis

企业管理者采用该方法在不确定性条件下识别项目风险，分阶段做出投资决策。该方法从技术和市场的不确定性两方面在新产品开发项目的每个阶段做出分析，在确定下一阶段的回报远大于风险时做出项目进入下一阶段的投资决策。 03创新前端管理

实现差距 Realization Gap

首次知晓某需求到实现该需求的产品上市的周期。 04产品开发管理

使命 Mission

使命是实现愿景的关键步骤或手段，回答“我们通过什么方式实现我们的愿景”的问题。使命也是组织成立的目的和存在的原因。企业的使命不仅回答企业是做什么的，更重要的是要回答为什么做。崇高、明确、富有感召力的使命不仅为企业指明了方向，而且使企业的每一位成员明确了工作的真正意义，激发出内心深处的动机。 02创新战略管理

市场 Market

一个由较多潜在客户组成的一个群体，这些客户具有共同的需求或问题，购买同类的产品或服务用于相似的用途。 03创新前端管理

市场测试 Market Testing

在受控的局部区域投放产品，广告、促销、分销等各种营销活动按营销方案展开，产品实际销售一段时间以测试产品本身的受欢迎程度，测试产品营销方案的有效性。通过市场测试，根据目标客户反馈对产品本身进行适当改进，对产品销售数量和金额的预测更为准确。通过市场测试，对产品上市计划中的沟通、包装、定位等要素进行适当优化和调整。市场测试方法有3种：模拟销

售方法、受控销售方法和全面销售方法。 04产品开发管理

市场导向 Market Orientation

是一种组织文化，指以尽可能有效和高效的方式为客户创造卓越的价值，为公司创造卓越的业绩。市场导向由3种行为组成：客户导向、竞争导向、跨职能协作。 01基本创新术语

市场份额 Market Share

某款产品在市场上同类产品整体销售量中所占有的市场比例。领先型的企业通常占据同类产品最大的市场份额。 05产品交付管理

市场机会分析 Market Opportunity Analysis，MOA

市场机会分析在创新前端进行，评估某一市场机会是否值得公司投入创新资源去抓住。市场机会分析的主要内容：评估市场机会的潜力、评估公司的内部能力、评估主要的竞争对手、评估该机会是否能满足未被满足的客户需求。 03创新前端管理

市场开发 Market Development

将现有产品卖给新的消费者或者新的用户的行动。在市场开发中可能需要对现有产品进行适当修改。 05产品交付管理

市场驱动 Market-Driven

以市场需求及趋势指导公司产品创新的方向与重点。 02创新战略管理

市场权力 Market Power

在一个较长的时间阶段内能够维持高于竞争对手的价格实现较大盈利的产品。 05产品交付管理

市场上市 Marketing Launch

市场上市是产品上市的一部分内容，主要活动包括：产品需求预测、营销计划制定、上市计划制定、制定和测试所有实施方案、准备上市后营销计划等。 04产品开发管理

市场条件 Market Conditions

一个新产品要投放的市场的特点描述，主要内容包括竞争产品的数量、竞争者的水平及市场增长率等。 04产品开发管理

市场细分 Market Segmentation

将一个大市场细分为多个小的、具有共同特点和需求的市场。市场细分的方法有很多，可以根据地理特征分（如男人和女人、年轻人和老年人），也可以根据行为特征分（如网上购物人群和超市购物人群），还可以根据购物态度分（如只购买品牌产品的人和对品牌没有什么讲究的人）。最有效的市场细分方法是基于共同需求进行细分（如购买苹果手机的人群既有年轻人也有中年人，既有富人也有不太富裕的人群，但这些人群的共同特点是追逐时尚，对很“酷”的产品情有独钟）。 03创新前端管理

市场研究 Market Research

获取客户、竞争者及整个市场信息的活动。市场信息包括二手信息和一手信息。市场研究方法包括定性研究方法（焦点小组方法和客户现场拜访方法）和定量研究方法，主要作用是定义问题和识别市场机会便于公司做出决策。最佳实践公司在新产品开发的全过程均有客户参与并持续征求客户的反馈意见。 03创新前端管理

试生产 Trial Production

试生产的目的是检验产品的生产系统是否能够满足规模生产的需

要。试生产需要测试的主要内容包括：①生产流程的可行性；②原材料和零部件的可获得性；③外协厂商的可获得性；④生产技能及人员的可获得性；⑤产能的满足性；⑥产品成本的满足性。可以通过小批量试产对以上方面的需求进行测试和评估，及时发现并解决相应的生产问题。 04产品开发管理

试销 Trial Sells

对新产品规模上市前的最后测试，也可以理解为“迷你”上市或者“软”上市。所有的营销组合要素应该尽可能与规模上市时一致，这样才能尽可能完整地测试上市计划的有效性。试销有两个主要目的：预测新产品的销售额；比较多个不同上市计划的优劣。 04产品开发管理

试验设计 Design of Experiments，DOE

系统考虑整个产品的试验方法，同时考虑各个试验项的多个参数，而非考虑个别参数。 04产品开发管理

适应性设计 Adaptive Design

在适应性设计中，产品已知的原理和已经形成的解决方案保持不变，只对现有原理和解决方案的呈现方式做出改变，以满足客户需求的变化。适应性设计主要改变的是性能指标（如强度、刚度等）、生产方式和材料等。 04产品开发管理

适应性学习 Adaptive Learning

参见组织学习。 07创新团队管理

收敛思维 Convergent Thinking

通过发散思维激发尽可能多的新产品创意，通过收敛思维将众多

新产品创意分类，或者聚焦于个别创意进行深入分析。收敛思维是在创意激发的后期经常应用的一种思维方法。 03创新前端管理

首次筛选 Initial Screening

对新产品创意进行评审决策，决定创意是否进入概念开发阶段。首次筛选是项目的第一次决策，也称为创意筛选。 03创新前端管理

首席产品官 Chief Products Officer，CPO

首席产品官是对企业产品创新投资回报负责的人。首席产品官在很多科技创新型企业已经成为一个正式职位，可能由公司董事长或总经理兼任，也可能专设职位。 07创新团队管理

首席技术官 Chief Technology Officer，CPO

首席技术官是对企业技术规划、开发和管理负责的人。首席技术官与首席产品官紧密配合，共同对企业持续成功创新负责。首席产品官主要回答“做什么产品”，首席技术官主要回答“如何将产品做出来”。 07创新团队管理

首先上市 First-to-Market

同类产品中第一个上市的新产品。首先上市可能面临较大的不确定风险，也有可能带来丰厚的回报。持续领先的创新型企业往往采用首先上市策略。 02创新战略管理

受控店面测试 Controlled Store Testing

一种营销测试方法，聘请专业机构进行产品分销和监控，而不是利用公司通常的销售队伍。 04产品开发管理

狩猎场 Hunting Ground

对新产品开发而言稍纵即逝的技术或市场机会。 03创新前端管理

狩猎场狩猎 Hunting for Hunting Grounds

一种完成新产品开发创新前端工作的结构化方法。聚焦一个市场领域，寻找可能的创新机会。 03创新前端管理

书面头脑风暴 Nominal Group Process

一种头脑风暴流程，小组成员先在纸上写出自己的创意，然后小组讨论每个创意。书面头脑风暴方法与发言式的头脑风暴方法相比，一般效率更高，质量更好。 03创新前端管理

属性测试 Attribute Testing

定量的市场研究方法。要求受访者基于相对重要性、当前性能、当前满意度等对某一产品或服务的属性进行详细排序。该测试目的是明确客户对于一些属性相对于其他属性的偏好，以指导产品设计和开发工作。属性列表应详略得当，列表太长受访者可能不愿意参与调研，列表太短可能起不到调研的作用。 03创新前端管理

数据库 Database

收集和存放相关信息的软件，数据库便于数据的查找、分析、处理和应用。例如，PDM是管理产品图纸、文档等的数据库。产品经理要有效建立和维护创意库、需求库和产品库。 01基本创新术语

数据挖掘 Data Mining

从大量已有的数据中分析和提炼出有用的知识，为决策提供参考依据。例如，亚马逊网上书店通过数据挖掘，向读者推荐“购买某一书籍的客户也购买的其他书籍”清单。 03创新前端管理

数字化仿制 Digital Mock-Up

通过电脑软件制作的产品电子模型，电子模型可用于对产品的交

互冲突及零部件的不兼容性进行检查。电子模型比实物模型更便宜，制作周期更短。 04产品开发管理

衰退期 Decline Stage

产品生命周期的最后一个阶段。产品进入衰退期后销售数量快速下降，公司需要适时做出产品退市决策。当一款产品进入衰退期时最好有一款新的同类产品进行替代，最大限度地获取该市场的收益。例如，当iPhone11手机进入衰退期时，苹果公司主动用新一代的iPhone12手机更新和替代。 05产品交付管理

双元型组织 Ambidextrous Organisation

双元型组织在创意产生和产品开发的早期阶段为不同类型的创新设定不同的组织模式和流程。双元型组织设立不同的组织结构以不同的方式管理不同类型的创新项目。做不同类型创新的团队都向同样的高层管理团队汇报，确保公司高层管理团队及时知晓公司整体创新情况。 07创新团队管理

水平思考 Parallel Thinking

水平思考方法让小组中的每个人能将自己的想法与他人想法并行地提出来，不至于导致混乱。水平思考方法注重合作探索和解决问题，适合于创新性的、建设性的、创造性的工作。六顶思考帽思考方法是进行水平思考的具体方法。 03创新前端管理

思考链 Think Links

用于激发发散思维，通过人物、地点或事物等的列表，帮助人们在看似不相关的概念之间建立新的联系。 03创新前端管理

思考组织者 Thought Organizers

用于创意信息分类的一种工具，将诸多创意分成多个小组，以便更容易比较或评价。 03创新前端管理

思维导图 Mindmapping

一种绘图工具，用于思考不同信息或创意之间的关系。从一个关键词开始，然后从多个维度思考与其相关的多个新的创意，建立一张关系图。 03创新前端管理

思想库 Think-Tank

由公司高层管理者组建的、通常与公司现有运营团队隔离的团队，用于产生新创意或者新方法以解决企业问题。 07创新团队管理

速制原型 Rapid Prototyping

在几个小时或者几天内制造出来的产品原型，以缩短产品开发周期。速制原型主要是呈现产品外观，一般不包括产品功能呈现。速制原型主要用于快速测试产品的技术可行性或者测试消费者对产品的喜爱程度。 04产品开发管理

随机抽样 Random Sample

一种统计调查方法，在一个人口子集中，每个人均有相同的被抽中的概率。 03创新前端管理

T

探究性问题 Questions of Exploration

用于分析企业外部环境的问题清单。 02创新战略管理

特性路线图 Feature Roadmap

规划一个产品的特性，在产品的不同版本中依次发布。参见**产品生命周期管理**。 02创新战略管理

特性添加 Feature Creep

在新产品开发过程中，在原有产品定义的基础上增加产品的功能或者提升产品的性能。过多的产品特性添加会导致开发周期延长、开发成本上升，产品整体成本上升。 04产品开发管理

体系 System

为完成公司核心管理活动制定的流程、工具、模板和实务的组合，例如，知行信创新咨询提出的研发与产品创新管理体系（RDIM）。 01基本创新术语

体系审计 System Audit

评估管理体系的有效性，便于公司评估管理、发现存在的主要问题、明确改进和优化的重点，持续改进和优化管理体系。管理体系审计建议每年一次，可以内部自评，也可以聘请专业的管理咨询机构进行审计。参见**创新能力成熟度模型**。 01基本创新术语

体系与实践 Systems and Practices

有助于或者有碍于产品开发的已经建立的方法、程序与活动。这些

体系与实践可能与公司的日常经营相关，也可能专指产品开发。

01基本创新术语

体系与实践团队 Systems and Practices Team

能代表所有职能部门的高层管理者组成团队一起工作，识别和改变那些阻碍产品开发的体系与实践，为改进产品开发建立新的工具、体系与实践。

01基本创新术语

体验设计 Experience Design

为客户设计全面的、细致的体验环境，让客户有效感受企业的产品和服务，帮助客户做出购买决策。医院、零售店及宾馆等进行体验设计非常必要。

04产品开发管理

天使投资者 Business Angels

为潜力巨大的创业企业提供资金的个人投资者。天使投资者以资金换取一定比例的创业企业股权。优秀的天使投资者带给企业的除了资金之外，还有管理经验和人际网络。最佳实践表明，有创业导师的创业企业成功率更高。天使投资者最好能同时担当所投资企业的创业导师角色。

01基本创新术语

条形图 Bar Charts

描绘了活动或任务的起止时间及时间周期。条形图的优势是简明易懂，适合团队与公司管理层及团队外部人员沟通；不足是过于粗略，难以体现不同任务之间的相互依赖关系。

09创新项目管理

通用设计 Design for All，Universal Design

一种设计方法，设计一款产品、服务满足尽可能多的消费者的需求，而不是为不同细分市场的消费者设计有不同性能和功能的产品。通用设计不一定要提供更多的功能，而是要确保这些功能任何消费者都可以有效使用。这与针对不同细分市场设计不同的产品的设计思想正好相反。成功的通用设计产品具有极大的规模经济性。苹果公司的iPod、iPad和iPhone等产品就是采用的通用设计方法，这些产品都具有简洁易用的特点。 04产品开发管理

头脑风暴 Brainstorming

创造性地解决问题的一种小组讨论方法，在新产品开发中通常用于激发新产品创意或者完善新产品概念。头脑风暴方法是让一群人就某个主题创造性地激发出很多创意。在创意激发过程中，无论他人提出的创意看起来多么疯狂或者荒唐，不要否定和批评他人提出的创意。举行头脑风暴会议的4条规则：①产生尽可能多的创意；②不要批评任何创意；③尝试合并和优化前面提出的创意；④鼓励提出“荒唐”的创意。参见**突破性创意激发方法**、**概念开发**。 03创新前端管理

投资回报率 Return on Investment，ROI

项目盈利能力的标准评价方法。投资回报率=项目在整个产品生命周期实现利润的净现值/项目初始投资×100%。 05产品交付管理

突发事件应对计划 Contingency Plan

对于事件的发生、持续时间和严重程度都难以预测的事件制定应对计划。 09创新项目管理

突破性创新 Breakthrough Innovation

与现有同类产品相比具有非常大的差异化，通常是同类产品中首个面世的产品，如苹果公司的iPhone手机。 01基本创新术语

突破性创意 Breakthrough Idea

突破性创意是对本行业或企业所在市场而言，新产品创意是独一无二的。 03创新前端管理

突破性创意激发方法 Breakthrough Idea Generation，BIG

突破性创意激发方法要求不要受现有同类产品的局限，要假设现有产品都已经不存在了，要思考“最想要的产品”，而不管该创意能否实现。其分为两个步骤：①描述最想要的产品；②对最想要的产品进行初步“设计”。 03创新前端管理

突破性项目 Breakthrough Projects

也称为颠覆性项目或破坏性项目。这些项目的特点：致力于将具有新技术的新产品推向市场；与企业现有做法有很大差别；高风险。 09创新项目管理

突破性增长 Breakthrough Growth

突破性增长是在传统市场的基础上实现巨大的新市场的增长，获得高额的回报。有3种战略行动可以帮助公司实现突破性增长：①改进现有产品；②放弃已经过时的产品；③开创有巨大市场潜力的新产品。 02创新战略管理

团队 Team

组织在一起共同完成某一特定任务的一群人。通常每个成员代表一个职能部门或者专业。团队拥有完成项目任务所需的完整的能力。团队的主要特征：①有共同的目标；②有互补的技能；③有一致的协调沟通以及完成任务的方法。不同任务类型需要采用不同的团队组织模式。团队组织模式通常有5种：职能型团队、弱矩阵团队、平衡矩阵团队、强矩阵团队、自治团队。 07创新团队管理

团队负责人 Team Leader

新产品开发团队的领导人。其对项目的里程碑节点达成和节点交付成果负责，但是对团队成员可能没有正式的指挥权力。 07创新团队管理

团队合作 Team Cooperation

团队成员作为一个整体积极工作以实现团队项目目标的合作程度。 07创新团队管理

团队诊断指引 Team Spotter's Guide

由团队领导者（或者团队成员）使用的一个问题清单，用来诊断团队各个职能的合作质量。 07创新团队管理

团队组建 Forming

团队建设的第一个阶段，在此阶段大多数团队成员是积极的、有礼貌的。团队成员也有一些焦虑，因为他们还不完全理解他们要完成哪些任务。 07创新团队管理

退出战略 Exit Strategy

将某一产品或某一产品线从公司产品组合中删除的预先计划。退出战略计划需要考虑的主要事项包括：①终止零部件和原材料供应；②继续提供售后服务所需的备品备件及维护服务；③将要退出的产品线的客户迁移到新的产品线。 02创新战略管理

W

外包 Outsourcing

产品或服务整体或者部分交由公司外部的个人或者企业开发，以降低产品开发成本或者缩短产品开发周期。产品开发的核心内容不应该外包。例如，某企业将部分产品软件外包给外部专业的软件企业开发。

02创新战略管理

完成阶段 Performing

项目团队建设的第四个阶段。在此阶段，大家都努力工作以实现团队目标，没有内耗。由团队领导建立的组织结构和工作流程运行良好。

09创新项目管理

网络图 Network Diagrams

网络图描述项目活动之间的先后顺序与依赖关系，是最有效的时间规划工具。画出了网络图，就能很轻松地画出条形图和里程碑图。如果项目团队不能正确地画出网络图，说明项目团队对要完成的项目任务缺乏真正的理解。网络图相对于条形图和里程碑图而言更为复杂，但是项目团队不能因为画网络图比较复杂就放弃网络图的绘制。通过绘制网络图，能够找出决定项目时间周期的关键路径，从而估计出项目的整体时间周期。通过绘制网络图，还可以发现哪些活动可以提前启动、哪些活动可以延后启动，哪些活动可以并行启动，以优化关键路径，缩短项目的整体时间周期。

09创新项目管理

网络效应 Network Externalities

一个用户使用某一产品或服务将对另一用户使用相同或类似产品或服务产生影响。网络效应有直接和间接之分，也有正面和负面之分。例如，使用微信的人多了，就会有更多的人加入使用，这是直接和正面的网络效应。又例如，某一免费的WIFI使用的人多了，就会影响大家的上网速度，这是直接和负面的网络效应。网络效应能影响一些产品的市场潜力，创新者需要管理消费者的感知并理解网络效应变量之间的关系。 01基本创新术语

维护活动 Maintenance Activity

在产品上市后负责解决产品问题的开发任务。 05产品交付管理

未来流程图 Should-Be Map

描述流程在未来如何运转的一个版本。未来版本是对现有版本的修订，是流程优化团队对现有版本重构的结果。 08创新流程管理

文化 Culture

组织内员工共享的信念、核心价值观、假设和期望。 07创新团队管理

稳健设计 Robust Design

降低对变动的敏感性的产品设计，包括制造变动和误用，增强实现想要的功能的概率。 04产品开发管理

问题 Issue

对项目结果有负面或消极影响的方面。问题要评估潜在的影响，并制定解决方案。问题是事实存在的，风险是可能发生的。开放的问题指有待解决的问题，关闭的问题指已解决的问题。

09创新项目管理

问题清单 Issue List

将项目中发现的问题全部列出来，按问题性质进行分类，明确各个问题的解决人、解决时限。已经解决了的问题标识为关闭的问题，尚待解决的问题标识为开放的问题。 09创新项目管理

无形资源 Intangible Resources

无形资源包括知识产权资产、组织人才资产、声誉资产、能力资产及社会资本等。 02创新战略管理

五力模型 Five Forces Model

20世纪90年代由迈克尔·波特开发的一种竞争能力分析框架，包括5种与公司讨价还价的对象：竞争者、供应商、客户、新进入者及替代者。 02创新战略管理

物理要素 Physical Elements

组成一个完整产品的部件、零件或子系统。 04产品开发管理

物料清单 Bill of Materials，BOM

组装成产品的所有部件、加工件与原材料的清单，该清单要呈现每个所需物料的装配数量。 04产品开发管理

X

吸收能力 Absorptive Capacity

企业吸收新知识的能力，取决于学习能力，企业应该及时吸纳总结企业内外的相关知识，形成重复应用的知识经验库。知识吸收能力应该成为企业难以模仿的核心能力。 01基本创新术语

系统层级图 System Hierarchy Diagram

产品架构的分层描述。一个产品可以分为多个子系统，每个子系统可以分为多个部件，每个部件可能由多个二级部件或者零件组成。 04产品开发管理

系统创新 Systemic Innovation

通过一个系统多个方面的互补创新实现整个系统的成功创新。例如，智能手机就是系统创新的例子。与功能手机相比，智能手机需要芯片厂商、触摸屏生产厂商、系统软件开发厂商、应用软件开发厂商、手机制造厂商及相关原材料生产厂商均进行相应创新。系统创新往往能够创造一个新兴的产业。 01基本创新术语

系统工程 Systems Engineering，SE

系统工程是一种跨学科的方法，用于实现整个系统的成功。新产品开发是一个系统工程，需要系统考虑客户需求、技术实现及公司盈利等多个方面。 01基本创新术语

系统工程师 System Engineer

对公司某个产品或者某条产品线的整体技术解决方案负责的人。系统工程师通常与产品经理配合工作。产品经理系统地洞察和呈

现客户需求，系统工程师负责组织实现客户需求。 07创新团队管理

系统工程系统 System of Systems Engineering，SoSE

系统工程系统解释复杂系统中各个相互依赖的系统之间的相互关系。军工、国防、航天、环保和防灾等复杂系统都需要用到系统工程系统方法。 01基本创新术语

细分 Segmentation

同市场细分。 03创新前端管理

下一代实践 Next Practice

是一种创新理念，指企业通过创新聚焦下一代实践而不是最佳实践获得竞争优势。最佳实践是代表过去有效的做法。下一代实践在以往经验的基础上进行改进。最佳实践探求什么是有效的，下一代实践“想象未来会是什么样的；识别将会出现的重大机会；培养抓住这些机会的能力”。例如，苹果公司的乔布斯和特斯拉公司的马斯克就是下一代实践理念的践行者。开发下一代实践平台的5个步骤：①将打破常规视为机会；②打造可持续的价值链；③设计可持续的产品和服务；④设计新的商业模式；⑤创建下一代实践平台。 01基本创新术语

先发优势 First-Mover Advantage

采用先发优势战略的企业，选择率先开发和上市新产品，期望取得领先的市场地位。采取先发战略的企业可能面临巨大的市场不确定性的风险，也可能会面临后发企业的巨大竞争挑战。参见**后发优势**。 02创新战略管理

显性客户需求 Explicit Customer Requirement

客户明确提出的客户需求。参见**隐性产品需求**。 03创新前端管理

现场测试 Field Testing

由目标市场的用户在实际产品使用环境下进行的产品使用测试，以发现产品在用户实际使用环境中使用时可能存在的问题与缺陷，以便在批量生产前改进和完善。参见**贝塔测试**。 04产品开发管理

现金流 Cash Flow

公司现金流入、流出的金额，最简单的现金流计算公式：现金流=净收入+折旧+损耗+摊销。现金流是新产品开发的一个重要评价指标。新产品上市前现金流都是负值，新产品上市一段时间后现金流开始为正值。保持正的现金流对公司的生存和发展非常重要，一些公司由于现金流断裂导致公司破产。 01基本创新术语

现金牛 Cash Cows

具有高市场份额、低成长性的产品。 02创新战略管理

现有流程图 As-Is-Map

一种流程图的版本，描述现有流程是如何真实运转的。该版本与优化后的流程可能存在很大区别。 08创新流程管理

线性流程 Linear Process

流程有明确的起点和终点，不是循环、反复的。 08创新流程管理

详细计划 Garage Bill Scheduling

一种详细计划每项任务的计划方法，为了实现交付成果必须完成的每项任务均进行计划，不管这项任务有多小。 09创新项目管理

项目 Project

项目是为取得特定的结果而进行的临时性的工作。项目工作与日常工作的不同主要体现在3个方面：①项目是临时性的；②项目是独一无二的；③项目通常是分阶段进行的。对企业而言，采用项目方式进行的工作通常是复杂的、重要的、有明确起点和终点的工作，如技术开发项目、新产品开发项目等。 09创新项目管理

项目发起人 Project Sponsor

定义项目目标，提供项目资源并且检查项目成果的人，一般为公司高层管理者。 09创新项目管理

项目负责人 Project Leader

负责从始至终管理一个新产品开发项目的人。项目负责人要确保项目里程碑达成及交付成果提交，要确保项目资源得到有效利用。参见**团队负责人**。 09创新项目管理

项目干系人 Stakeholder

在项目中或者在项目的结果中有利益关系的人或组织。项目经理处于各种项目干系人的中心。项目经理需要识别不同利益相关者的不同利益诉求，需要针对性地满足不同项目干系人的不同利益诉求。项目管理，在很大程度上就是管理不同人员对项目的不同期望。这些看起来很“软”的内容其实是最难管理的。项目经理需要将不同项目干系人的不同期望看成是“正常的”现象。项目经理要做的是面对现实，而不是回避现实。项目干系人包括客户、经销商、零售商、供应商、合作伙伴、公司领导、各职能部门负责人及项目团队成员等。 09创新项目管理

项目管道管理 Project Pipeline Management

在各个项目的各个阶段有效地配置项目资源，使项目资源既不闲置，也不过载。 09创新项目管理

项目管理 Project Management

项目管理是用于项目的各种知识、工具和技能的应用。由于项目是复杂的、战略性的，因而需要采用有效的管理方法进行管理。项目管理方法应该能够有助于项目目标的实现。从项目开展过程的角度，知行信创新咨询将项目分为有先后顺序的5大基本管理活动，包括定义项目目标、制定项目计划、领导项目团队、监控项目过程和交付项目成果等。 09创新项目管理

项目管理办公室 Project Management Office，PMO

对公司所有项目进行统一管理的常设的职能部门。对于研发人员比较多、项目数量比较多的企业，建议设立项目管理办公室。项目管理办公室的主要职责：①对所有项目进行统一监控；②培养项目经理；③协同项目资源。 09创新项目管理

项目管理程序文件 Project Management Programme Document

指导公司创新项目组织和开展的指导文件。项目管理程序文件通常包含以下主要内容：①项目分类；②角色与职责；③项目管理流程与指南；④项目绩效管理与激励；⑤项目经理培养与职业发展等。 09创新项目管理

项目管理软件 Project Management Software

对项目进行标准化管理的程序文件，如微软公司的Project软件。

09创新项目管理

项目集管理 Programme Management

对一群相互关联的多个项目进行统一协调管理，以实现项目群的总体目标。项目集管理不同于项目管理。前者往往是战略性的，关注项目集总体战略目标的实现；后者通常是战术性的，聚焦于项目任务的完成。项目管理是对单一项目的纵向管理，项目集管理是对多个项目的横向管理。项目管理是项目集管理的下一级管理。项目集管理可以采取可视化看板管理方法进行。 09创新项目管理

项目集经理 Program Manager

对一个新产品开发项目组合整体负责的领导者。 07创新团队管理

项目计划 Project Plan

经过审批的正式的项目文件，指导项目执行与过程控制。项目计划制定包括项目任务分解、项目时间规划、项目资源预算和项目风险分析。项目计划文件详细列明计划基于的假设，利益相关者间沟通方式，项目范围、成本和起止周期等。 09创新项目管理

项目计划评审方法 Program Evaluation and Review Technique, PERT

PERT图通过考虑项目周期内各项活动的不确定性评估项目周期的变化范围。PERT图评估每项活动的乐观估计时间、最现实的时间及悲观的时间。PERT用于评估项目周期、制定项目行动计划、制定项目资金预算和人力资源需求。 09创新项目管理

项目交付成果 Project Deliverables

项目结束时应该交付的成果物。新产品开发项目的成果交付的标志是完成新产品上市后评审。新产品项目成果交付主要包括3方面内容：①客户认可上市后的新产品；②公司认可新产品上市后

取得的绩效结果；③项目通过上市后评审。 09创新项目管理

项目决策评审 Project Decision Making and Reviews

在新产品开发流程的各个评审点对新产品开发项目进行评审，项目决策评审由正式任命的产品审批委员会负责，项目决策评审基于事先设定的决策评审准则进行。项目决策评审结论一般包括4种：通过、枪毙、重做、搁置。 08创新流程管理

项目漏斗 Funnel

多项目决策流程的一种形象描述。指随着项目向前推进，处于新产品开发管道中的项目数量越来越少。 09创新项目管理

项目评分清单 Project Score List

公司产品审批委员会（PAC）基于一致的评分准则对多个项目进行打分并排序，作为项目进入下一阶段开发流程先后顺序的决策依据。 09创新项目管理

项目任务书 Project Charter

项目团队与公司领导团队之间签订的包含主要项目绩效目标与交付成果等内容的“项目合同”。项目团队以项目任务书中约定的项目目标作为绩效承诺。如果项目有部分内容是外包或者合作开发，也同样应该签订项目合作合同。 09创新项目管理

项目死亡率 Project Mortality

在一定时间周期内在开发过程中的新产品项目被中止的数量占整体开发中的新产品项目数量的比例。 09创新项目管理

项目团队 Project Team

制定并实施新产品开发计划的跨职能团队。 09创新项目管理

项目战略 Project Strategy

某一产品开发项目的目的与目标描述，包括项目在公司产品组合中的意义、目标市场、产品将为客户解决的问题。 09创新项目管理

项目资源预算 Project Resource Estimation

对项目所需人员数量、人员专业及专业水平、投入项目时间等进行预算。合理的项目资源预算能确保项目开发过程中能及时获得所需资源。项目资源预算是项目成本核算的基础。 09创新项目管理

项目组合 Project Portfolio

在任一时点处于开发状态的项目集。项目组合会基于新颖性或创新性发生变化。 09创新项目管理

消费心理 Psychographics

消费者的特征，包括态度、兴趣和生活方式等。 03创新前端管理

消费者 Consumer

消费者一词可以用于工业品制造企业，也可以用于消费品制造企业。消费者可以指企业现有的客户、竞争对手的客户，也可以指存在类似需求的尚未有购买行为的潜在客户。只有部分消费者会成为一个企业的客户。 01基本创新术语

消费者创新性 Consumer Innovativeness

在某一细分市场中倾向购买和使用新产品的消费者的比例。消费者创新性越高，表明这个消费群体接受创新产品的意愿越高，创新产品的推广会相对更为顺利。 03创新前端管理

消费者市场 Consumer Market

由个人购买用于家庭的产品和服务（不是用于企业）。消费者购

买决策通常由个人做出，为自己或家庭购买。 03创新前端管理

消费者需求 Consumer Need

消费者希望解决的问题，希望产品能为他们做到的事情。

03创新前端管理

销量预测模型 A-T-A-R Model

该模型主要用于消费类产品公司预测某一产品未来的销售数量或者利润。该模型表明了产品的营销步骤及关键要素。A-T-A-R分别代表的意思：A（Awareness）——知晓产品的客户数；T（Trial）——试用产品的客户数；A（Availability）——能够买到产品的客户数；R（Repeat）——重复购买的客户数。知晓和试用与品牌广告宣传密切相关，能否买到产品与分销渠道及终端建设密切相关，是否重复购买或者引荐购买则与产品给客户的价值及体验密切相关。某一产品的利润预测公式：利润=潜在客户总数×知晓客户比例×试用客户比例×能够买到产品的客户比例×重复购买产品的客户比例×每个客户年购买量×（单件收入-单件成本）。 03创新前端管理

销售拉升 Pull Through

新产品上市对现有产品销售起到积极拉升作用。 05产品交付管理

销售与营销计划 Sales and Marketing Plan

新产品上市前制定的涵盖所有销售与营销活动的行动计划，用以指导新产品上市活动的开展。 04产品开发管理

销售预测 Sales Forecast

对新产品中长期的销售数量进行预测，为计算产品投资回报及安

排产品生产与营销提供输入。销售预测是一个多次进行的工作，新产品越接近上市，预测应该相对越准确。 03创新前端管理

协同产品开发 Collaborative Product Development

两个或者两个以上的公司共同开发和商业化某产品。协同产品开发不同于外包，协同产品开发的各个协同方合作更为深入，在产品开发的各个阶段紧密合作，共同为目标客户交付最终的产品或解决方案。在协同产品开发中，较小的公司可以贡献技术或创意，较大的公司可以提供资金、营销资源和分销平台。规模相当的两家或多家公司协同时，各家公司贡献各自的专业技术以开发复杂的产品或系统。协同产品开发有多种合作方式。在客户协同模式中，企业与关键客户或者领先用户合作。在供应商合作模式中，企业与技术、零部件或者服务提供商合作，开发整体解决方案。在制造合作模式中，企业与生产企业签订合同，以生产想要的产品。参见**协同创新**。 01基本创新术语

协同创新 Collaborative Innovation

企业与客户、供应商、高校、合作伙伴、创新咨询服务机构等合作开发新技术、新产品。 01基本创新术语

协作矩阵 Coordination Matrix

呈现开发项目主要阶段的总体图，图中标注每个阶段的目标和关键活动及每项关键活动的主责人（主责部门）。 09创新项目管理

新产品 New Product

相对于现有产品而言具有新功能或不同性能指标的产品，企业一般会为一款新产品设定一个新的产品型号。新产品是一个相对的概念，对企业而言的新产品，对市场而言不一定是新产品。根

据新颖程度，新产品可以分为对公司而言的新产品（new to the company），对市场而言的新产品（new to the market）及对世界而言的新产品（new to the world）。 01基本创新术语

新产品创意 New Product Idea

同创意。 03创新前端管理

新产品导入 New Product Introduction，NPI

将开发出的新产品导入批量生产的过程。新产品开发团队需要向生产部门提交产品材料清单（BOM）、产品及零部件生产图纸、生产工艺等文件，并指导、配合生产部门按时、按质、按量地交付批量产品。 04产品开发管理

新产品开发 New Product Development

广义的新产品开发涵盖创新战略管理、创新前端管理及产品开发管理阶段所做的各项工作。狭义的新产品开发仅指产品开发阶段，包括设计开发、测试矫正和上市管理3个阶段。 01基本创新术语

新产品开发流程 New Product Development Process

确保新产品从创意产生到批量上市的各项任务的规范管理。新产品开发流程由多个阶段和多个评审点组成。每个阶段完成必需的各项工作，向公司产品审批委员会提交阶段文件及成果。在每个决策评审点，公司产品审批委员会审核项目团队提交的阶段文件及成果，根据明确的决策评审准则，对项目做出严格的生/杀决策。系统、完整、科学、有效的新产品开发流程可以重复运用，大大提高新产品开发的成功率，缩短项目周期、提高项目质量、降低项目成本。新产品开发流程的质量在很大程度上决定了新产品开发的效率和质量。参见4D创新流程。 08创新流程管理

新产品开发团队 New Product Development Team

由多个职能部门代表组成的完成新产品开发任务的团队。跨职能团队组织模式是新产品开发团队的有效组织模式。 07创新团队管理

新产品开发战略 New Product Development Strategies

主要内容包括明确企业业务的“主航道”，明确企业现有业务、成长业务和未来业务，明确企业创新资源投入强度（研发创新经费占销售收入的比例）及创新资源在各类业务的投入比例。

02创新战略管理

新产品战略 New Product Strategy

公司战略的一部分，主要回答为谁做（目标客户定位）、做什么（客户价值定位）和如何做（商业模式定位）3大问题。从进入一个新兴市场的时机先后考虑，可以将新产品战略选择分为领先者、快速跟随者、防御者和反应者4种。 02创新战略管理

新概念开发模型 New Concept Development Model

该模型由3部分组成：在模糊前端不可控的影响因素、可控的关键因素及5项任务：机会识别、机会分析、创意产生与完善、创意筛选、概念定义。 03创新前端管理

信息 Information

与某主题相关的知识，如竞争者信息等。信息来源包括企业内部和外部，相关信息需要专人收集、分析、整理和管理。系统、完整、正确的信息是企业有效决策的前提。 01基本创新术语

信息加速 Information Acceleration

采用虚拟现实方式进行的一种概念测试方法。搭建一个虚拟的购

买环境，用以模拟未来几年之后的真实购买情况。 03创新前端管理

行动学习法 Action Learning

通过实践系统掌握有效的方法。例如，产品经理要掌握客户需求研究方法，不但要学习系统的、基于最佳实践的客户需求研究方法，更要通过实践进行客户需求调研和客户需求信息整理掌握客户需求研究方法。 07创新团队管理

形态分析 Morphological Analysis

一种矩阵分析工具，将一款产品基于需求满足与技术构成进行对照，可用于针对性分析与创意激发。 03创新前端管理

虚假创新 Pseudo Innovations

给客户和企业都不能带来好处的产品改变。虚假创新往往只在产品的外观上做一些改变。对企业而言，这种创新既不能降低产品成本，也不能提高生产效率。对最终用户而言，这种创新既不能改进产品质量，也不能带来新的用途。 01基本创新术语

虚拟产品开发 Virtual Product Development

无纸化开发，所有设计和开发工作都在电脑上完成。 04产品开发管理

虚拟客户 Virtual Customer

在新产品开发的各个阶段通过网上调查获得客户需求信息的方法。 03创新前端管理

虚拟团队 Virtual Team

不在一起办公，工作沟通和交流主要通过网络进行的团队。

07创新团队管理

虚拟现实 Virtual Reality

一种计算机3D模拟技术，设计者或者用户能够“进入”某种情景，并且能够进行模拟真实世界体验的交互。 04产品开发管理

需求陈述 Needs Statement

将客户需求以客户的语言进行陈述和排列，通常分为2个层级，即一级需求和二级需求。 03创新前端管理

需求工程 Requirements Engineering

需求工程是软件系统工程的一部分，主要是明确软件要实现的目标、软件的功能需求及对软件系统的要求等。需求工程的目标是为软件设计与开发提供输入。 04产品开发管理

需求量 Demand

对某一新产品的需求数量。新产品上市战略需要实现2个目标：激发客户购买、准确预测需求。新产品的需求来源于3个方面：①试用后满意并且重复购买的客户；②现有客户的迁移——客户从其他现有产品转向购买新产品；③直接购买并且引荐购买的客户。 04产品开发管理

渲染 Render

工业设计工程师采用素描或者计算机软件将他们的想法进行可视化呈现。 04产品开发管理

学习型组织 Learning Organization

能够持续改进和优化管理方法的企业或机构。学习型组织能够持续将有效的做法通过流程和制度的方式固化，并在更多同类项目或工作中应用，从而提高做事的效率和质量，避免重复犯同样的

错误。创新型企业从创新失败中能学到的东西要远远多于从创新成功中学到的东西。

07创新团队管理

循环经济 Circular Economy

通过设计实现可复原的、可再生的经济，其目标是使产品、零部件及原材料在所有应用阶段保持最高利用率和价值，与技术性循环、生物性循环是不同概念。

01基本创新术语

循环流程 Circular Process

一个流程终点任务完成后又回到该流程的起点，重新开始该流程的新一轮循环。

08创新流程管理

Y

延缓 Postponement

同延缓差异化。

02创新战略管理

延缓差异化 Delayed Differentiation

延缓差异化是一种供应链战略，是在接近交付给客户产品的某个时间点才将产品的定制化部分进行装配。该策略特别适合每个客户订单都有部分差异化，但各个订单又有很多共用的模块和部件的工程类产品。延缓差异化的前提是做好产品模块化，搭建好差异化产品的共用平台，这样才能在客户要求的时间周期内交付差异化产品，并大幅降低产品成本。

02创新战略管理

延期率 Slip Rate

评价项目进度符合度的一个指标。延期率=（实际时间÷计划时间-1）×100%。

09创新项目管理

研发 Research and Development，R&D

研发是系统地进行的创造性的工作，主要目的是弄清楚某一科学原理或者解决某个技术问题。研究主要指基础研究和应用研究，开发主要指技术开发。对企业而言，研发是直接或者间接为产品创新服务的。研发是手段，创新是目标。企业常说的“搞研发”，实际含义应该是开发出能取得商业化成功的新产品，而不只是技术实现。“研发是将钱变成知识，创新是将知识变成钱”！

01基本创新术语

研发创造力 Creativity in R&D

有学者研究发现，社会和心理因素影响研发人员的创新绩效。富有创造力的研发人员具有以下品质特征：①内在动力，研发人员是自我驱动，工作本身激发自己去努力，为问题的挑战性所吸引，不是金钱、认可或其他外在回报所激励；②能力与经验，拥有杰出的问题解决能力，能应用现有的方法解决创造性的问题，是所在知识领域的专家；③风险导向，愿意承担风险，心态开放；④社会技能，为人和蔼可亲，是很好的倾听者，善于听取别人的观点，不迂腐木讷；⑤其他品质，有毅力、好奇心强、诚信、不先入为主、团队精神强。

07创新团队管理

研发与产品创新管理体系 Research and Development and Innovation Management，RDIM

研发与产品创新管理体系是知行信创新咨询提出的基于最佳实践的系统、完整、科学、有效、易用的可用于技术开发和新产品开发的管理体系。RDIM体系包括6大子系统：创新战略管理、创新前端管理、创新技术管理、创新团队管理、创新流程管理和创新项目管理。RDIM体系涵盖了企业持续成功创新的关键成功要素，融合了集成产品开发体系（IPD）和门径管理体系（SGS）等体系的最佳实践做法，已经在中国数百家科技创新型企业成功导入与应用。

01基本创新术语

衍生产品 Derivative Product

在现有产品基础上修改、优化或者改进某些功能或性能的新产品，产品的基础架构或平台没有改变。衍生产品是基于平台的系列化开发产品。

04产品开发管理

要素分析 Factor Analysis

从多个可能的原因中找到最重要的原因。 01基本创新术语

业务管理团队 Business Management Team

包括各职能高层管理者和业务单元负责人，这些人一起设计门径流程中的各个决策评审点的组成内容。 07创新团队管理

业务流程创新 Business Process Innovation

对公司业务流程进行重大改进、升级、优化或者重构，目的是更高效、更有效地为客户创造价值。 08创新流程管理

业务流程重构 Business Process Reengineering

公司现有业务流程已经远远不能满足公司业务发展的需要，对现有流程的小修小改作用非常有限，必须通过重新设计流程以实现关键绩效目标的重大改善。通过业务流程重构实现成本、质量、服务和进度等关键绩效目标的重大改善。例如，以职能式组织模式开发新产品的企业需要重构新产品开发流程。需要采取跨职能团队组织模式，设计公司级的新产品开发流程，通过并行工程大幅缩短新产品开发周期，大幅提升新产品开发质量，大幅提升新产品开发成功率。业务流程重构意味着重大的组织变革，通常会在企业内部遇到较大阻力，需要公司高层领导统一认识，坚定支持，并率先垂范，做执行和遵守新流程的榜样。 08创新流程管理

业务评审点 Business Review Point

新产品开发流程中由公司产品审批委员会负责评审的节点。业务评审点决定新产品开发项目是否能够进入下一阶段。新产品开发项目的业务评审点主要有：创意评审点、概念评审点、立项评审点、样机评审点、上市评审点、上市后评审点、退市评审点及退

市后评审点。 08创新流程管理

一对一深度访谈 Individual Depth Interviews，IDIs

一种与焦点小组方法相对应的定性的市场研究方法。一个训练有素的主持人与一个受访对象进行坦诚的、深入的、有准备的交谈。这种调查方式能够更好地洞察受访者的思路、动机、当前行为、偏好、观点及期望等。 03创新前端管理

一手市场研究 Primary Market Research

由你自己（或你雇佣的人）进行的原始调查，以为特定的调研目的收集具体的数据。 03创新前端管理

一手信息 Primary Information

从客户本身直接获取的信息，与二手信息对应。 03创新前端管理

以资源为基础的公司观点 Resource-Based View of the Firm

这是关于公司特征的一种在战略与管理方面的核心理论。在以资源为基础的观点看来，企业是一个由有形资源和无形资源组成的资源池，企业管理者既要积累和优化资源，也要为资源寻找创造利润的机会。 02创新战略管理

异步组件 Asynchronous Groupware

用于帮助人们作为一个小组进行工作的软件，但不要求人们同时进行工作，如电子邮件或办公自动化软件。 09创新项目管理

意外创新 Accidental Innovation

同意外发现。 03创新前端管理

意外发现 Accidental Discovery

组织发现的意想不到的新创意、新设计、新产品。这些创意、设计或产品可能来自组织内部，也可能来自组织外部。企业应该将意外发现作为创新的一个重要来源。3M公司的报事贴产品就是来源于员工的意外发现。 03创新前端管理

引擎 Engine

驱动创新的文化和领导力的结合。 01基本创新术语

隐性产品需求 Implicit Product Requirement

客户期望的，但是没有明确提出的、没有预期的或者没有想到的产品需求。洞察隐性产品需求的能力是产品经理的核心能力。

03创新前端管理

盈亏平衡点 Break-Even Point

产品上市后赚取的利润能够冲抵所有产品开发成本的时间点。在盈亏平衡点时进行产品上市后评审，评审后产品正式进入产品生命周期管理阶段。 04产品开发管理

营销 Marketing

企业的一项职能，是创造、沟通和交付客户价值的流程，是以有利于企业和其利益相关者的方式管理客户关系的流程。 05产品交付管理

营销测试 Test Marketing

整体测定产品的可销售性与财务可行性。 04产品开发管理

营销创新 Marketing Innovation

采用新的或者有重大改变的设计、包装、分销、促销或者定价方法。

05产品交付管理

营销沟通 Marketing Communications

在企业与目标客户之间建立起有效的联系，让目标客户在尽可能短的时间内对产品有系统、全面的了解和认识。营销沟通的主要目的是促进产品销售和树立公司或产品品牌。 05产品交付管理

营销战略 Marketing Strategy

企业将有限的资源聚焦于最好的机会，以增加销售额并获得独特的竞争优势。 02创新战略管理

营销组合 Marketing Mix

包括4方面：产品（产品线的宽度）、促销（广告、促销活动）、定价及分销（渠道密度、销售收入预测）。 05产品交付管理

应该满足的准则 Should Meet Criteria

这是对项目进行评分的准则，如果某项决策准则评分过低，则会影响项目的整体吸引力。 08创新流程管理

应用创新 Application Innovation

将新的技术或平台应用于新产品中形成的创新。例如，触摸技术应用于智能手机，开源平台应用于软件开发等。 01基本创新术语

应用开发 Applications Development

一种软件设计与代码编写的迭代流程，通过完善现有产品或开发新产品以满足用户需求。 04产品开发管理

用户 User

使用产品解决问题或者从产品中满足需求的人，用户不一定是购买产品的人。 01基本创新术语

用户中心型创新 User-Centred Innovation

围绕用户的需求进行创新，以满足用户需求为产品设计与开发的出发点。用户中心型创新包括领先用户创新，用户与企业合作创新及用户参与产品设计、开发和制造过程等。 01基本创新术语

用户中心型设计 User-Centred Design，UCD

邀请用户加入设计流程，参与产品定义、概念测试和最终设计矫正工作。 04产品开发管理

优先顺序排列 Prioritization

按照优先顺序排列企业的各个项目，决定项目进入下一阶段的先后顺序，以便将公司有限的创新资源投入整体投资回报最大的项目组合之中。企业可以通过应该满足的准则对各个项目进行评分和排序。 08创新流程管理

有机增长 Organic Growth

企业通过持续开发和上市新产品实现企业增长，而不是通过并购实现增长。参见**并购增长**。 02创新战略管理

有效实践 Effective Practice

同最佳实践。 01基本创新术语

有信息依据的直觉 Informed Intuition

以一种结构化的方式，利用收集到的团队经验与知识。

03创新前端管理

有形资源 Tangible Resources

有形资源包括资金和实物资产。 02创新战略管理

预测 Forecast

基于现有战略，在某个时间阶段内，对执行某项业务计划决策成功或失败的可能性预见。 03创新前端管理

预期失效测定 Anticipatory Failure Determination，AFD

一种失效分析方法。开发人员将某种失效作为想要的结果，尝试各种方法确保该失效总会稳定地发生。然后，开发人员利用这些信息制定避免该失效产生的方法。 04产品开发管理

预上市 Pre-Launch

预上市阶段是指上市准备阶段，用以评估新产品是否具备批量上市条件。 04产品开发管理

预先宣告战略 Pre-Announcement Strategy

提前向公众透露将要上市的新产品。 02创新战略管理

原型 Prototype

新产品概念的物理模型。基于所需目的不同，原型可能是不能运转的，功能能够呈现的或者功能和外观都能呈现。 04产品开发管理

原型产品 Prototype Product

通过内部技术测试，并符合大部分客户需求的样机。 04产品开发管理

原型制作 Prototyping

用于可视化地沟通产品概念的模型。模型可以是实物，也可以是电脑3D图形。原型有多种：概念原型、技术原型、用户交互原型、立体模型等。 04产品开发管理

愿景 Vision

愿景就是对希望看到的公司的未来景象的一种描述。公司愿景回答“我们希望成为一个什么样的企业”的问题。愿景是对希望实现的长远目标的一种陈述，可能在若干年后实现，也可能是企业永恒的追求。让全体员工拥有共同愿景，并身体力行地为实现共同愿景而努力工作，这是公司管理层领导力的重要体现。共同愿景能指引公司的发展方向，确保公司的重大决策与战略保持一致。共同愿景能激发全员的工作动力，齐心协力实现公司的战略目标。愿景可以由公司领导提出，通过有效的传播和沟通在全公司达成共识。更有效的方式是通过集思广益，从多种愿景描述中提炼出大多数员工都认同的共同愿景。

02创新战略管理

云计算 Cloud Computing

云计算是指通过互联网提供应用服务，提供这些服务的硬件和系统软件部署在远程的数据中心。通过云计算方式用户能够便利地、即时地、低成本地获得所需的计算资源（如网络、服务器、存储、应用和服务等）。基于云计算的服务模式主要有3种：云软件服务（SaaS）、云平台服务（PaaS）及云设施服务（IaaS）。

01基本创新术语

运营 Operation

涵盖企业交付客户价值的各项任务，包括制造、采购、分销、服务等。产品进入生命周期阶段，就是运营的重要阶段，通过有效运营做好客户订单交付及售后服务等工作。

05产品交付管理

运营性风险 Operational Risks

运营性风险主要是项目中与技术相关的风险，这些风险一般都能

化解，只是需要时间和投入。 09创新项目管理

运营战略 Operational Strategy

运营战略是确定以最优的方式开发新产品，而不是以最低的成本开发新产品，以确保新产品的上市周期，确保开发出高质量的新产品。对产品开发而言，目标是要在最优的市场机会窗推出高质量的新产品，以实现投资回报最大化。 02创新战略管理

Z

早期采用者 Early Adopters

在新产品上市早期主动购买新产品的一批消费者，这些消费者是基于自己的意愿和想法做出消费决策，采取购买行为的，不是被动接受宣传的结果。

04产品开发管理

早期供应商参与 Early Supplier Involvement，ESI

部分关键供应商在新产品设计开发阶段即以合作方式参与新产品开发项目。早期供应商参与具有加快开发速度、缩短产品上市周期、降低开发成本、促进供应方创新、确保供应商产能等好处，但也可能带来开发项目信息泄密等弊端。

04产品开发管理

责任矩阵 Responsibility Matrix

该矩阵标明开发团队的每个成员在项目的每个阶段负责的任务或活动。

07创新团队管理

增强型新产品 Enhanced New Product

衍生产品的一种。增强型产品增加了以前基础平台不具有的功能，这能给客户带来新的价值。

04产品开发管理

战略 Strategy

战略是实现公司增长目标的途径、方法、方案和计划。公司有4种战略类型选择：领先者、分析者、防御者、反应者。从内容视角，公司战略需要回答3个核心问题：①谁是我们的目标客户？②我们应该为目标客户提供什么产品和服务？③我们应该如何以高效和创新性的方式为目标客户提供这些产品和服务？

02创新战略管理

战略地图 Strategy Map

战略地图应用于平衡计分卡方法，有助于企业将其战略可视化，有助于在一个框架内将公司无形资产与股东价值创造之间建立联系，该联系通过4个方面建立：财务、客户、内部流程和学习与成长。 02创新战略管理

战略管理 Strategic Management

对公司如何实现战略目标及如何保持持续竞争优势的关键事项进行管理。战略管理的主要内容包括：设定战略目标、分析外部环境、分析内部实力、制定战略方案、执行战略方案、评估战略绩效等。创新战略管理是公司战略管理的核心内容。 02创新战略管理

战略规划 Strategic Planning

设立愿景、使命、核心价值观、企业目的、战略目标和未来战略。 02创新战略管理

战略伙伴 Strategic Partnering

两家公司（通常是一家大公司与一家较小的公司或者创业型公司）建立一种联盟或者伙伴关系，以开发某个特定的新产品。典型的情况是，大公司提供资金、营销、制造与分销能力，而小公司提供专业技术或创造性的经验。 02创新战略管理

战略举措 Strategic Move

企业在战略定位的基础上为实现企业的战略目标所制定和实施的系列管理行动和决策。战略举措意味着创新和突破，渐进式的改进和对竞争对手的模仿不能称为战略举措。战略举措是企业执行战略决策的纲要，是制定各项行动计划的指南。 02创新战略管理

战略联盟 Strategic Alliance

同联盟。 02创新战略管理

战略目标 Strategic Goals

对公司短期生存和长远发展具有重大影响的目标。如果这些目标没有实现，或者只实现部分目标，公司的生存和可持续发展就会受到很大影响。公司战略目标可分为短期目标、中期目标和长期目标。短期目标一般是最近1年的年度目标，中期目标是3~5年的目标，长期目标一般指5年以上的目标。不同的行业对短期、中期和长期的定义可能会有所区别。战略目标决定了企业的组织结构，战略目标也决定企业要完成的主要任务，战略目标还决定了企业的资源分配和人员安排。 02创新战略管理

战略匹配 Strategic Fit

确保项目与企业预定的战略一致。例如，企业战略聚焦于某些技术或市场，开发的项目是否也在这些领域？ 02创新战略管理

战略曲线 Strategy Canvas

执行蓝海战略的行动框架。战略曲线由2个维度组成，横轴代表客户看重的主要价值要素，纵轴标示各主要竞争对手产品在各个价值要素方面的客户满意度。企业自身及各个主要竞争对手在各个主要价值要素方面的分值分别连成多根价值曲线。企业通过对比自身产品现有价值曲线与各个主要竞争对手产品的价值曲线，画出差异化的创新价值曲线，并制定相应措施实现差异化价值曲线，实现“定量化”的差异化。 02创新战略管理

战略性创新 Strategic Innovation

对现有的业务模式进行颠覆性的改变，并因而以一种非常不同的

方式开展业务。当企业看到行业的巨大差距，弥补该差距，并将该差距发展成为一个新的巨大的市场时，战略性创新就发生了。战略性创新往往来自企业外部，很少从已经成立的企业中产生。例如，特斯拉推出全电动汽车就是一种战略性创新。实现战略性创新的5种方法：①重新定义业务；②重新定义Who，即谁是客户？识别新的客户或新的细分市场并采取行动更好地服务他们；③重新定义What，即企业提供给这些客户什么产品和服务？思考新的客户需求并采取行动让他们更满意；④重新定义How，利用公司核心能力开发新的产品，或者设计更好的商业模式，然后再寻找合适的客户；⑤从不同的视角进行思考，从问这些问题开始——企业独特的能力是什么？能满足的具体需求有哪些？谁才是企业正确的客户？

02创新战略管理

战略性的管道管理 Strategic Pipeline Management

战略性的平衡，设定大量的机会的优先顺序，协调组织的各种技能以开发多款新产品。

02创新战略管理

战略性定价法 Strategic Pricing

将大多数目标客户能够接受的价格作为定价基准。如果某一产品的定价大多数目标客户都能接受，那么该产品通常能取得较大的市场份额。战略性定价法不是从成本视角出发，也不是从竞争视角出发定价，而是从目标客户能否接受的视角定价，是一种真正具有战略意义的定价方法。

02创新战略管理

战略性风险 Strategic Risks

战略性风险主要是影响客户的满意度和公司的收入、利润等的风险。战略性风险如果不能有效应对和化解，很可能会导致项目

失败。 02创新战略管理

战略性平衡 Strategic Balance

从多个维度平衡开发项目的组合。平衡维度包括：聚焦与多元化、短期与长期、高风险与低风险、现有平台扩展与新平台开发等。

02创新战略管理

战略性新产品开发 Strategic New Product Development, SNPD

将新产品战略与新产品组合规划相结合的流程。 02创新战略管理

战略优先级 Strategic Priorities

确保企业的投资组合体现公司的战略优先顺序。例如，如果一家企业寻求技术领先，那么组合中的项目平衡就要反映这种聚焦。

02创新战略管理

折现现金流分析 Discounted Cash-Flow Analysis

项目投资回报的一种折现分析方法，预测一个项目未来几年的现金流，然后以设定的利率折现到现在，计算现值。 09创新项目管理

震荡阶段 Storming

团队建设的第二个阶段。这时候，团队成员开始突破已经建立起来的边界。这个阶段很多团队成员有挫败感。团队成员各自的工作风格冲突带来震荡。 09创新项目管理

整体产品 Whole Products

高科技产品经常用到的一个词，指企业不但要为客户提供实体产品本身，还要为客户提供有效使用实体产品所需的各种相关资料或服务。这些要素包括：培训资料、支持系统、使用说明、附

件、标准与程序、安装、使用咨询等。 01基本创新术语

支持服务 Support Service

该部门的主要职责不是产品开发，而是为产品开发项目的成功提供服务，如人力资源部门、IT部门、行政部门。 07创新团队管理

支持项目 Support Projects

可能是在现有产品的基础上的渐进性改进，或者是现有产品制造效率的改进。通常这种项目是低风险的。 09创新项目管理

支持者 Champion

极力支持某产品开发和上市的人。在公司内部，支持者是一个非正式的角色。对新颖度比较高或者一开始多数人不看好的创新项目，支持者对于项目团队克服阻力、获取资源、推进项目非常关键，通常是公司内部职位或者威望比较高的人。 07创新团队管理

知识产权 Intellectual Property，IP

企业拥有的专有知识、技术和设计等。知识产权能形成公司的竞争优势，避免竞争者模仿。知识产权分为两类：工业产权和版权。工业产权包括专利、商标和工业设计等。版权包括文艺和艺术作品。 01基本创新术语

知识工作者 Knowledge Worker

主要依靠自身掌握的知识完成工作任务、取得工作的成果的人，例如，创新型企业的研发人员就是典型的知识工作者。与体力劳动者相比，知识工作者主要有以下特点：①知识工作者的工作成果难以用计时和计件的方式衡量；②一个知识工作者很难独自交付有价值的结果；③一个知识工作者的工作结果只有能被别人利

用才有价值；④金钱不是激励知识工作者努力工作的唯一因素，甚至不是主要因素；⑤知识工作者的知识很难显性化和固化。

07创新团队管理

知识管理 Knowledge Management

知识的创造、呈现和重用。创新型企业知识管理应该做到隐性知识显性化，分散知识集中化，现有知识重用化。

01基本创新术语

知识密集型服务业企业 Knowledge-Intensive Business Services, KIBS

以知识和技术作为主要服务内容的服务企业，包括管理咨询机构、技术服务机构、会计师事务所、律师事务所等。知识密集型服务业企业比非知识密集型服务业企业更加类似实物产品企业，更有可能进行服务产品化。KIBS企业主要有6种创新：产品创新、流程创新、交付创新、战略创新、管理创新（包括商业模式创新）和营销创新。

01基本创新术语

知识驱动创新 Knowledge-Driven Innovation

利用公司的知识或知识资产进行创新。公司在利用知识开发出取得商业化成功的新产品或新服务的同时，也创造了新的知识资产，增强了公司能力。

01基本创新术语

知晓度 Awareness

知晓某新产品已经存在的目标客户的百分比。知晓度用于衡量公司对某新产品的宣传推广效果。

04产品开发管理

知晓度测试 Awareness Trial

用于预测新产品销售数量和金额的一种计算方法。

04产品开发管理

直销 Direct Sales

不通过分销渠道，企业直接将产品交付给终端客户的一种销售方式。例如，戴尔公司就是采取直销方式销售电脑。 04产品开发管理

值得购买值 Worth What Paid For，WWPF

客户对某一产品是否值得购买的定量评价值，该数据通过调查一定样本量的目标客户获得。参见**客户价值超值率**。 04产品开发管理

职能 Function

公司内部具有某些专业能力的部门或者小组，如研发职能部门。

07创新团队管理

职能管道管理 Functional Pipeline Management

基于公司制定的项目优先顺序，优化各个项目在所有职能领域的流动。 09创新项目管理

职能评审 Functional Reviews

在产品开发过程中，从职能视角（如制造、工程）对产品进行技术性评审。职能专家担任评委，详细评审产品设计，发现不足，从以往产品吸取教训，决定产品设计的未来方向。 04产品开发管理

职能型团队 Functional Team

项目任务按职能分解到各个职能部门。项目协调由职能经理或者高层领导负责。对新产品开发项目而言，职能型团队是一种低效的项目组织模式。参见**跨职能团队**。 07创新团队管理

职能要素 Functional Elements

开发新产品所需的职能代表，例如，市场、研发、采购、生产、财务、服务等职能均需参与新产品开发项目。 07创新团队管理

指导文件 Guideline Document

流程中用于指导团队成员正确、高效完成任务的规范文件。

08创新流程管理

制造测试规格与程序 Manufacturing Test Specification and Procedure

由开发代表和制造代表组织制定的文件，文件明确新产品的零件、部件或者子系统要满足的性能规格，以及测试这些性能规格的程序。

04产品开发管理

制造设计 Manufacturing Design

确定新产品制造流程的流程。

04产品开发管理

制造与装配设计 Design for Manufacture and Assembly, DFMA

在新产品设计时，要考虑该产品能否顺利制造出来，能否顺利地装配好。DFMA 将设计与生产有机地联系在一起。制造与装配设计需要考虑的内容包括：原材料和元器件的可获得性、外协加工或制造合作伙伴的可获得性、开模的可行性、制造工艺的可行性、相关制造技能及人才的可获得性以及零部件的可装配性等。标准化、简化和系统集成是DFMA的基本方法。

04产品开发管理

制造装配工艺 Manufacturing Assembly Procedure

由制造代表组织制定的最终产品装配程序文件，说明各个零件、部件或子系统如何正确装配成一个完整的产品。

04产品开发管理

质量 Quality

产品满足客户需求，甚至超出客户期望。客户满意才是真正意义上的高质量。对企业创新而言，质量包括有效性和效率。有效性是“做正确的创新”，效率是“正确地进行创新”。 04产品开发管理

质量保证 Quality Assurance

负责监控和评价产品开发策略和做法的职能代表，质量保证代表确保产品满足客户、公司和法律、法规的要求。 04产品开发管理

质量功能展开 Quality Function Deployment，QFD

将客户需求转换为产品功能定义的一种结构化的有效的方法。通过运用QFD方法，能够确保重要的客户需求都有相应的产品功能与之对应。通过运用QFD方法，能够大幅减少冗余的产品功能，能够确定合适的产品性能参数，尽可能降低产品成本。QFD方法也是市场和技术团队进行有效沟通的工具。QFD方法源于日本，在丰田汽车等公司得到了很好的应用。 03创新前端管理

质量控制 Quality Control

在出厂前对产品部件、子系统及整个产品进行检查，确保产品及各个部件符合预先制定的质量控制规范和程序。 04产品开发管理

质量控制规范与程序 Quality Control Specification and Procedure

描述质量检查规范与程序的文档，装配完的部件或系统在运输前必须据此检验合格。 04产品开发管理

质量设计 Quality-by-Design

从产品开发的起始阶段就考虑如何保证产品质量。 04产品开发管理

质量屋 House of Quality

质量功能展开（QFD）方法中的一种工具，在客户需求与产品特

性之间建立起直观的、明晰的关系。 03创新前端管理

智慧企业 Intelligent Enterprise

指具有敏捷、适应性、自我警觉等特点，组织边界模糊并且具有能够进化到新的、更好的组织形式的能力的企业。创新型企业均应是智慧企业。 01基本创新术语

智力资本 Intellectual Capital

企业内用于创造经济价值的知识，包括组织资本和智力资本等。组织资本包括信息与通信技术（ICT）、软件系统、分销网络、供应链等。智力资本是公司知识资产的一部分。 01基本创新术语

智能产品 Smart Products

智能产品不同于传统产品之处是智能产品能够处理信息。智能产品是具有以下特点的产品：自动化、适应能力、反应能力、多功能、合作能力、人机交互及人性化。例如，家庭扫地机器人就是一种智能产品。 01基本创新术语

众包 Crowdsourcing

将原本由公司内部完成的工作外包给外部机构或者个人完成。例如，有的电子产品制造企业将采购外包给专业的电子元器件采购公司。 02创新战略管理

重大改进型创新 Significant Improved Innovation

在现有同类产品基础上进行了功能和（或）性能的大幅改进或提升。这类创新通常具有明显的差异化，较难模仿，可能形成相对竞争优势。 01基本创新术语

重要度调查 Important Surveys

就产品各个设计特性的相对重要性调研客户。 03创新前端管理

周期时间 Cycle Time

某一项目任务从启动到完成的时间长度。在新产品开发项目中，周期时间是从新产品创意提出到新产品上市的时间长度。不同公司对起点和终点的定义可能不同，在一个公司内部不同类型项目的起点和终点的定义也可能不同。 09创新项目管理

专用技术 Proprietary Technology

只用于某个产品的技术。参见**共用技术**。 06创新技术管理

装配件 Mating Part

将两个零件组装成一个零部件。 04产品开发管理

装配设计 Design for Assembly, DFA

通过减少独立的零部件数量简化产品。可以通过问以下3个问题来决定是否要增加一个零部件：①该零部件有其他零部件不具备的独有功能吗？②该零部件必须采用不同的材料制造吗？③该零部件必须与其他零部件分开吗？如果以上3个问题的回答都是肯定的，那么该零部件必须独立。 04产品开发管理

卓越绩效咨询模式 Excellent Performance Consulting, EPC

知行信创新咨询提出的管理咨询服务模式，其核心思想是通过有效、高效的咨询服务帮助客户大幅改善经营绩效，其咨询服务理念是“知而行，行有信”。例如，研发与产品创新管理体系（RDIM）咨询应该能够帮助客户提高新产品开发成功率，缩短新产品开发和上市周期、降低产品成本、提高产品质量，提升公司

创新资源的投资回报率。 01基本创新术语

卓越设计 Deign for Excellence，DFEx

在设计和开发流程中，系统考虑产品全生命周期的所有相关的产品成功要素，包括可测试性、可采购性、可制造性、可运输性、可维护性和可回收性等。 04产品开发管理

卓越中心 Centers of Excellence

在技能、业务或竞争力等方面获得高度认可的区域或组织，通常是最佳实践的拥有者，是其他区域或组织学习的榜样。 01基本创新术语

资源计划 Resource Plan

对完成一个新产品开发项目所需的各种资源的详细罗列。资源包括人员（含人员的专业要求、人员的投入时间要求）、设备和资金等。 09创新项目管理

资源矩阵 Resource Matrix

一种将开发资源与开发项目进行可视化呈现和管理的方法。矩阵横向为开发中的项目，矩阵纵向为可用的开发资源，矩阵中的格子标注为某开发人员在某项目中投入时间的多少。 09创新项目管理

自己扮演客户 Be a User

新产品开发团队成员亲自使用自己的产品和竞争者的产品，从中发现存在的问题，找出可能的改进方案。这是了解客户需求的最简单的一种方法，也称为角色扮演法。 03创新前端管理

自上而下的组合选择 Top Down Portfolio Selection

也称为战略池方法，首先制定战略，然后基于战略进行项目排序与选择。 02创新战略管理

自下而上的组合选择 Bottom up Portfolio Selection

首先列出各个项目，然后通过严格的项目评估与筛选，形成与公司战略一致的项目组合。 02创新战略管理

自治团队 Autonomous Team

一种创新团队组织模式，是一种完全自主管理的团队，基本不受企业各职能部门的管理和制约，直接向公司高层领导汇报工作。这种组织模式通常用于开发具有突破性创新的产品或技术。团队有不受干扰的独立的办公环境，或者在公司办公室以外环境封闭工作一段时间。自治团队也称为攻关团队。 07创新团队管理

自主创新 Autonomous Innovation

在企业内部，自主创新是价值链的某个环节能够不依赖其他环节独立地进行创新，例如，在苹果公司的应用商店开发和上线某一应用软件就属于自主创新。分散、非中心的流程比结构化的流程更适合于自主创新。在Web2.0时代，YouTube和Twitter等公司通过线上交互方式推行自主创新。在中国，自主创新是创新驱动发展的国策。自主创新强调不依赖外部力量，主要依靠自身力量进行创新。自主创新并不意味着不与外界合作，主要强调核心技术、核心产品应该由企业自身掌握。 01基本创新术语

纵向思考 Vertical Thinking

采用逻辑思考方式分析和解决问题。参见**横向思考**。 03创新前端管理

纵向一体化 Vertical Integration

公司涉足的领域涵盖价值链的各个环节，如原材料生产、零部件加工、整机制造等。 02创新战略管理

阻碍 Obstacle

在预设的流程中出现的影响项目目标实现的阻力、障碍或者挑战。 09创新项目管理

组合 Portfolio

一个企业基于战略取舍的投资项目或产品的组合。 02创新战略管理

组合管理 Portfolio Management

组合管理是公司高层管理团队的重要决策职责。公司高层管理团队采用多种有效方法周期性地排列各类创新项目的开发优先顺序，以将公司有限的创新资源优先投入整体投资回报率最高的创新项目组合中。项目组合管理主要从3个方面考虑：战略一致性、长短期平衡、整体创新资源投资回报最大化。组合管理的方法主要有财务指标、战略池、计分模型等。 02创新战略管理

组合准则 Portfolio Criteria

设立企业选择新立项的项目与当前正在开发中的产品项目的评判准则，以建立平衡的、多种类型的开发项目组合。 09创新项目管理

组织创新 Organizational Innovation

采用新的或者重大改变的公司组织结构及知识管理方法，以提升组织效率和效益。例如，传统运营型企业往往只能进行改进型创新，很难产生突破型创新，可以考虑设立独立于现有组织结构的事业部或者法人公司开展突破性创新活动。 07创新团队管理

组织级项目管理 Organizational Project Management

组织级项目管理是对公司各类创新项目进行统筹管理，以实现公司整体创新投资回报最大化。组织级项目管理包括项目组合管理

和项目集管理两个层面。 09创新项目管理

组织身份 Organizational Identity

组织代表什么、组织为何存在的清晰定义，这是一个组织长远成功的基础。 01基本创新术语

组织学习 Organizational Learning

创新型企业必须是学习型组织。创新型企业要适应环境变化，要持续生存和发展，要实现中长期战略目标，都需要持续学习、改进与提升。组织学习的内容包括技术、管理和各种专业技能，组织学习的方式包括内部同事之间的“师傅带徒弟”、标杆学习、聘请专业咨询服务机构、建立“可重用”的各种知识库等。

07创新管理团队

组织知识创造 Organizational Knowledge-Creation

企业将分散的、存在于个人头脑中（或电脑中）的隐性知识转变为系统的、集中于公司知识库的、显性的、可重用的知识的过程。企业知识重用度越高，企业创新及运营成本就越低，响应客户需求的速度就越快，新产品、新技术开发周期就越短。从原理上说，凡是可以重用的知识都应该显性化、标准化，都应该纳入公司知识库进行有效的知识管理和应用。 01基本创新术语

最佳实践 Best Practice

能改进绩效的方法、工具和技巧，是成功企业的成功做法的系统总结。一个企业如果希望像成功的创新企业一样持续成功创新，就应该系统学习和有效运用成功企业的有效做法。最佳实践有时也称为有效实践。参见**下一代实践**。 01基本创新术语

最佳实践学习 Best Practice Study

仿效成功企业的成功做法，以取得和成功企业一样的绩效。在新产品开发中，最佳实践学习意味着找到最好的创新管理体系，并在企业中进行学习与运用。例如，华为公司系统地从IBM公司引进集成产品开发体系（IPD），就是一种最佳实践学习。

01基本创新术语

参考文献

[1] 成海清. 产品经理实务［M］. 北京：电子工业出版社，2018.

[2] 成海清. 首席产品官［M］. 北京：企业管理出版社，2019.

[3] Kenneth B. Kahn. The PDMA Handbook of New Product Development［M］. Second Edition. New York: Wiley, 2005.

[4] Hamsa Thota and ZunairaMunir. Key Concepts in Innovation［M］. London: Palgrave Macmillan, 2011.